Jürg Frick

Die Droge Verwöhnung

Beispiele, Folgen, Alternativen

Verlag Hans Huber
Bern · Göttingen · Toronto · Seattle

Dr. Jürg Frick
Berghaldenstrasse 32
CH-8053 Zürich

Die Deutsche Bibliothek – CIP-Einheitsaufnahme

Frick, Jürg:
Die Droge Verwöhnung : Beispiele, Folgen, Alternativen / Jürg Frick. –
Bern ; Göttingen ; Toronto ; Seattle : Huber, 2001
(Aus dem Programm Huber: Psychologie-Sachbuch)
ISBN 3-456-83629-5

1. Auflage 2001

Anregungen und Zuschriften bitte an:
Verlag Hans Huber
Länggass-Strasse 76
CH-3000 Bern 9
Tel: 0041 (0)31 300 45 00
Fax: 0041 (0)31 300 45 93
E-Mail: verlag@hanshuber.com
Internet: http://Verlag.HansHuber.com

Lektorat: Dr. Peter Stehlin und Gaby Burgermeister
Herstellung: Peter E. Wüthrich
Satz: Sbicca & Raach sagl, Lugano
Umschlagbild: Susan Wahl, Zürich
Umschlag: Atelier Mühlberg, Basel
Druck und buchbinderische Verarbeitung: AZ Druck und Datentechnik, Kempten
Printed in Germany

Inhaltsverzeichnis

Vorwort

«Ein Kind verwöhnen, heißt es töten.»
«Ein umhegtes Kind weiß nicht, wie sich seine Mutter plagt.»
(Chinesische Sprichwörter)

Was eine verwöhnende Erziehung im Leben eines Menschen anzurichten vermag, wird heute in unserer Kultur noch weitgehend unterschätzt, und zwar von Laien wie von Fachleuten.

In der pädagogischen Fachliteratur wird Verwöhnung als Erziehungsfehler selten erwähnt. Eine systematische Behandlung fehlt weitgehend, generell ist das Interesse an der Erziehungsstilforschung in den letzten 20 Jahren zurückgegangen. In unserer Alltagssprache wird unter einem verwöhnten Kind oft verniedlichend eines verstanden, mit dem es die Eltern «zu gut» meinten, so dass es sich später gerne bedienen lasse. Der Endeffekt ist der gleiche: Sowohl im Alltag wie in der Theorie werden die verheerenden Folgen der Verwöhnung unterschätzt, diese wird nicht erkannt als das, was sie in Wirklichkeit sein kann: *«eine subtile Form von Kindsmisshandlung»*. Es ist das Verdienst des Zürcher Psychologen und Pädagogen Jürg Frick, die in den chinesischen Sprichwörtern enthaltenen grausamen Wahrheiten wissenschaftlich zu erklären und in systematischer Ausführlichkeit zu veranschaulichen, so dass Leserinnen und Leser die unheilvollen Folgen der Verwöhnung erkennen und nachvollziehen können. 23 schädliche Auswirkungen unterscheidet der Autor dabei, indem er bei der gesteigerten Macht- und Herrschsucht beginnt und bei der extremen Passivität und Lebensuntüchtigkeit endet. Dazwischen liegt ein weites Spektrum psychischer Fehlentwicklungen, das erstaunen mag und in keinem Fachbuch zu finden ist. Darin liegt eine besondere Stärke dieses Buches: Es zeigt auf, dass Verwöhnung eine Form von subtiler Kindsmisshandlung sein kann, ohne deswegen Erzieherinnen und Erzieher die Schuld zuzuweisen: *«Schuld setzt bewusstes Wollen voraus. Gerade die Tiefenpsychologie konnte aber nachweisen, wie mächtig unbewusste Kräfte im Menschen zu wirken vermögen.*» (5. Kap., S. 91)

Indem Frick die Erkenntnisse der Entwicklungs- und der Tiefenpsychologie, vor allem der Individualpsychologie, einbezieht, vermeidet er jeden Vorwurf und schließt so an Alfred Adler an, der schon 1912 in seinem Aufsatz «Zur Erziehung der Eltern» darauf hinwies, dass fast alle Eltern das Beste für ihre Kinder wollen. Der Verzicht auf verletzende Schuldzuweisungen darf jedoch nicht mit einem Denkstopp gleichgesetzt werden, der auf ein Erforschen der Ursachen verzichtet. Verwöhnendes Erzieherinnen- und Erzieherverhalten hat zahlreiche Gründe, die zu erkennen notwendig ist, wenn etwas verbessert werden soll. «*Jenseits von Gut und Böse*» (Nietzsche) analysiert Frick darum im Kapitel 5 die meist unbewussten Hintergründe des verwöhnenden Erziehungsverhaltens, damit die betreffenden Eltern – oder auch Lehrkräfte – verstehen, ohne sich anzuklagen: «Tout comprendre, c'est tout pardonner», heißt ein französisches Sprichwort.

Unter Verzicht auf jegliche Anklage werden Pädagoginnen und Pädagogen dazu angeleitet, die Zusammenhänge zwischen verwöhnendem Erziehungsstil und persönlichen/situativen Hintergründen zu erkennen, was einen Ausgangspunkt schafft, um Kindern und Jugendlichen neu zu begegnen.

Das Buch endet mit einem optimistischen Ausblick auf die Möglichkeiten einer Erziehung ohne Verwöhnung. Es gibt sie, die Erziehung **ohne** Verwöhnung. Den Weg dazu zeigt Frick in seinem abschließenden Kapitel «*Statt Verwöhnung: Einsichten, Anregungen, Konsequenzen*» auf. Der Autor hütet sich konsequent vor Glücksversprechen oder einfachen Lösungen. So verführerisch Rezepte und Ratschläge sein mögen, sie laufen meistens auf eine Verhinderung des eigenen Lern- und Forschungsprozesses – und damit auf eine neue Art von Verwöhnung – hinaus.

Wer sich jedoch freut, sich selber seines Verstandes zu bedienen, zum Beispiel nach eigenen Verwöhnungstendenzen oder selbst erlebter Verwöhnung zu suchen, der/dem bietet das vorliegende Buch fachkundige, wissenschaftlich abgestützte Anleitungen. Fricks Werk kann darum Eltern, KinderpsychologInnen, ErzieherInnen und Lehrkräften aller Stufen nur empfohlen werden.

Möge es dazu beitragen, im Erziehungsalltag die Sensibilität zu erhöhen für die Gefahren der Verwöhnung, so dass diese noch mehr erkannt wird als das, was sie ist: eine Droge und subtile Form von Kindsmisshandlung. Die pädagogische Theorie bzw. die Erziehungsstilforschung ihrerseits könnten sich zu zukünftigen Fragestellungen anregen lassen, was wiederum zu einer Sensibilisierung für die Gefahren der Verwöhnung beitragen könnte.

In diesem Sinne wünsche ich dem Buch eine weite Verbreitung und eine interessierte Leserschaft.

Zürich, Januar 2001 Jürg Rüedi

1. Einleitung

Ein Buch über Verwöhnung. Wozu? Jedermann und jede Frau weiß doch, was Verwöhnung ist und wie schädlich sie ist, und wird in der Regel bestreiten, damit irgendetwas zu tun zu haben. Verwöhnung scheint ein Phänomen zu sein, das verdrängt wird. Wer will schon verwöhnen und wer möchte gar eingestehen, verwöhnt zu sein? Verwöhnung ist für viele zu einem Schimpfwort geworden.

Unter dem Begriff Verwöhnung versteht der Volksmund meistens: Alle materiellen Wünsche «subito» erfüllt bekommen, z. B. mit Spielsachen und reichlichem Taschengeld eingedeckt sein. Meistens wird der Begriff interpretiert im Sinne von «alles bekommen». Äußerungen, vor allem bei älteren Menschen, wie die folgenden oder ähnliche sind recht verbreitet: «Die heutigen Jungen haben es zu gut, sie bekommen alles. Sobald sie pieps machen, bringen die Eltern subito das Gewünschte herbei. Wenn es einem nur gut geht, muss es ja so herauskommen: Drogen, Langeweile, Kriminalität. Bei uns gab es das noch nicht; wir sind eben nicht so verwöhnt und verpäppelt worden.» Diese Auffassung von Verwöhnung halte ich für ebenso verkürzt wie einseitig. So stark die materielle Verwöhnung ins Auge springt, so subtil und unerkannt verläuft im Allgemeinen die eher unsichtbare psychische Form der Verwöhnung. Häufig wird in der Alltagssprache unter einem verwöhnten Menschen auch jemand verstanden, der es gewohnt ist, dass seine Bedürfnisse (oder was er für seine Bedürfnisse hält) sofort befriedigt werden: Beim kleinsten Durst verlangt der Verwöhnte sofort zu trinken, bei Ansprüchen von anderen Erleichterung usw. Verwöhnt wird auch derjenige genannt, der jede Anstrengung scheut, sich nur bedienen lässt. Diese verkürzte bzw. eindimensionale Sicht der Verwöhnung verbreitet auch das Titelbild des Spiegel vom 14. August 2000: Eine Mutter kniet vor ihrem überdimensional gezeichneten Sohn und bindet ihm seine Turnschuhe, während er mit verschränkten Armen selbstbewusst, unbeteiligt und abschätzig wegschaut. Verwöhnung beinhaltet aber viel mehr und zudem auch anderes, als dieses Bild plakativ suggeriert.

Ich möchte im vorliegenden Buch zeigen, dass der verwöhnte Mensch das psychologisch Wesentliche für seine Entwicklung gerade *nicht* bekommt. Das Zuviel wird letztlich zu einem Zuwenig: *So kommen verwöhnte Kinder und Erwachsene* – so paradox das vielleicht auf den ersten Blick erscheint – *zu kurz,* da ihnen durch eine verwöhnende Erziehung und ein via Sozialisation erworbener verwöhnter Lebensstil außerordentlich wichtige Kompetenzen für eine befriedigende Lebensbewältigung und für Lebensfreude fehlen.

Bei einer kritischen Durchsicht der pädagogischen und psychologischen Literatur der letzten zwanzig Jahre konnte ich feststellen, dass zu Problemfeldern wie «Sexuelle Misshandlung von Kindern» oder «Gewalt» die Bücherliste übervoll ist. Bei der Verwöhnung sieht das etwas anders aus: Verwöhnung scheint kaum bzw. erst in jüngster Zeit ein Thema für AutorInnen zu sein. Das ist erstaunlich, höre ich doch in öffentlichen Verkehrsmitteln, in Fortbildungen und in Diskussionen immer wieder Klagen über verwöhnte Kinder und Jugendliche. Zudem spielt in psychologischen Beratungen und Therapien von Menschen bei der Anamnese, der Aufarbeitung und der Behandlung der Faktor «Verwöhnung» häufig eine wichtige Rolle. Es ist für Eltern, Lehrpersonen, Ärzte und Kinderärzte, PsychologInnen und SchulpsychologInnen usw. unerlässlich, allfällige Verwöhnungsanteile ihrer Klientel zu erkennen, um so richtig einwirken zu können und die Verwöhnung nicht unbewusst und ungewollt weiterzuführen.

Nachfolgend zur schnellen Orientierung eine kurze Übersicht zum Buch:

- Ich werde im **2. Kapitel** eine Klärung zum **Begriff «Verwöhnung»** vornehmen: Was heißt eigentlich Verwöhnung? Woran ist Verwöhnung erkennbar? Gibt es verschiedene Typen von Verwöhnung?
- Das **3. Kapitel** wird die **Verwöhnung in verschiedensten Bereichen** von der Vorschule bis zur eigenen Lebensgestaltung ins Blickfeld nehmen. Dabei werden LeserInnen vielleicht neue Aspekte auch bei sich selber entdecken können.

- Anhand vieler Beispiele zeigt das **4. Kapitel** die subtilen wie die offensichtlicheren **Auswirkungen der Verwöhnung** auf Kinder, Jugendliche und Erwachsene. Auch hier sind Entdeckungen bei eigenen Kindern, Schülern oder bei sich selber möglich!
- **Warum verwöhnen Menschen eigentlich?** Dass Verwöhnung meistens aus vielfältigen und unbewussten Motiven betrieben wird, erhellt das **5. Kapitel.**
- Kann ausgeprägte Verwöhnung, ebenso wie etwa wiederholtes Schlagen von Kindern, eine spezielle und bisher eher unerkannte Form der Kindsmisshandlung darstellen? Allfälligen **Zusammenhängen zwischen Verwöhnung und Kindsmisshandlung** werde ich im **6. Kapitel** nachgehen.
- Im **7. Kapitel** zeige ich anhand eines **tragischen Beispiels**, wie katastrophal sich eine extrem-verwöhnende Erziehung im Einzelfall auswirken kann.
- Gibt es **Alternativen zu und Konsequenzen** aus verwöhnendem Verhalten? Welche Verhaltensweisen wären hilfreicher, nützlicher? Wie kann man mit verwöhnten Kindern und Jugendlichen umgehen? Zu diesen Fragen gebe ich im **Kapitel 8** Anregungen und Denkanstösse.
- Die zwei beigefügten **Fragebogen** schließlich sollen Erziehenden und anderen Interessierten die Möglichkeit geben, allfällige Verwöhnungsanteile in ihrem eigenen Fühlen, Denken und Handeln zu überprüfen, zu reflektieren und allfällige Konsequenzen daraus zu ziehen.

Alfred Adler hat als einer der ersten Psychologen schon sehr früh (in den zwanziger und dreissiger Jahren des 20. Jahrhunderts!) auf die Gefahren der Verwöhnung hingewiesen. Diese sind seither noch aktueller geworden: Besonders in den beiden in den frühen 1930er Jahren erschienenen Bücher *Der Sinn des Lebens* (1933) und *Wozu leben wir?* (1931)[1] beschreibt Adler außerordentlich eindrücklich und anschaulich die Merkmale, Auswirkungen und Folgen einer verwöhnenden Erziehung mit

1 vgl. z. B. Alfred Adler (1973): Der Sinn des Lebens. Frankfurt: Fischer (Erstausgabe 1933), S. 40–44, 94–99 sowie: Ders. (1979): Wozu leben wir? Frankfurt: Fischer (Erstausgabe 1931), S. 25, 28, 107–108.

Beispielen. Vieles – nicht alles –, was Adler dazu geschrieben hat, ist erstaunlich aktuell geblieben. Interessant ist z. B. auch seine schon vor 1930 vorgenommene Auflistung der vier problematischen Lebensumstände bzw. Erziehungsstile der Eltern: 1. Mängel und Schwächen der organischen Ausstattung (Adler nennt das Organminderwertigkeit). 2. Vernachlässigung und Mangel an Zuwendung. 3. Autoritärer Zwang und brutale Unterwerfung. 4. Verwöhnung oder Verzärtelung. Ab etwa 1930 verlagert sich der Schwerpunkt auffallend: Adler bezeichnet nun die Verwöhnung sogar als schwersten und folgenreichsten Erziehungsfehler: «[...] dass kein Übel größer ist als die Verwöhnung des Kindes mit ihren Folgen.»[2]

Ich teile diese letzte für mich zu einseitig-radikale Einschätzung Adlers zwar nicht, bin aber der Meinung, dass *die Verwöhnung als eine der wichtigsten Ursachen für problematisches Verhalten von Kindern, Jugendlichen und Erwachsenen betrachtet werden muss.*

Es ist bis vor wenigen Jahren vor allem individualpsychologisch orientierten PsychologInnen und PädagogInnen vorbehalten geblieben, sich mit dem Thema Verwöhnung näher beschäftigt zu haben: Erwähnt seien hier nur Dreikurs 1964[3], Rattner 1968[4], Oehler 1977[5], Brandl 1977[6], Rüedi 1995[7], Hugo-Becker/Becker 1992/2000[8] und Wunsch 2000[9].

---

2 Alfred Adler (1973): Der Sinn des Lebens. Frankfurt: Fischer, S. 99.

3 Rudolf Dreikurs/Vicki Soltz (1990): Kinder fordern uns heraus. Stuttgart: Klett-Cotta (Erstausgabe 1964).

4 Josef Rattner (1968): Verwöhnung und Neurose. Seelisches Kranksein als Erziehungsfolge. Zürich: Classen.

5 Barbara Oehler (1977): Der Einfluss der verwöhnenden und verzärtelnden Erziehung auf die gesunde und kranke Entwicklung der Persönlichkeit. Zürich = Dissertation.

6 Gerhard Brandl (1997): Erziehen ohne Verwöhnen. Eschborn: Klotz (Erstauflage 1977).

7 Jürg Rüedi (1995): Einführung in die individualpsychologische Pädagogik. Bern: Haupt.

8 Annegret Hugo-Becker; Henning-Becker ([3]2000): Psychologisches Konfliktmanagement. Menschenkenntnis, Konfliktfähigkeit, Kooperation. München: dtv.

9 Albert Wunsch (2000): Die Verwöhnungsfalle. Für eine Erziehung zu mehr Eigenverantwortlichkeit. München: Kösel.

Der Adler-Schüler Dreikurs erörtert die Verwöhnung vor allem an kurzen praktischen Beispielen und weist u. a. auf wichtige Zusammenhänge zwischen Verwöhnung und Entmutigung hin.

Rattners leider seit langem vergriffene meisterhafte psychologische Interpretation zu Gontscharows Roman *Oblomow* legt eindrücklich die verheerenden Erziehungsfolgen der Verwöhnung wie z. B. Ich-Schwäche und Entscheidungsunfähigkeit dar.

Die Dissertation von Oehler mit dem Titel *Der Einfluss der verwöhnenden und verzärtelnden Erziehung auf die gesunde und kranke Entwicklung der menschlichen Persönlichkeit* fasst die Adler'sche Sichtweise zur Verwöhnung in übersichtlicher Weise zusammen.

Erziehen ohne Verwöhnen von Brandl ist eher eine Einführung in die Lehren von Adler und Künkel und die Darstellung einer Erziehungslehre; das Thema Verwöhnung wird dazu punktuell immer wieder kurz angesprochen.

Rüedi widmet die beiden Kapitel 5 und 6 seiner sehr empfehlenswerten *Einführung in die individualpsychologische Pädagogik* ganz der Thematik der Verwöhnung. Diese rund 30 Seiten sind aus meiner Sicht die fundiertesten Erörterungen zum Thema in neuerer Zeit.

Die Verwöhnungsfalle von Wunsch schließlich enthält viele Beispiele und Anregungen; mir ist der Autor häufig zu moralisierend und einige seiner gesellschaftspolitischen Auffassungen und Forderungen (z. B. zum Abbau des Sozialstaats) teile ich persönlich nicht. Auch meines Erachtens berechtigte Forderungen nach höheren Löhnen und besseren Sozialleistungen (vor allem in tiefen Lohnklassen) oder einer Umverteilung von oben nach unten – man denke an zum Teil horrende Gehälter und Vermögen oberer Kader! – als Massenverwöhnung zu bezeichnen, halte ich für ungerechtfertigt.[10]

Die folgenden Autoren sind nicht-individualpsychologisch orientiert, obwohl die zwei ersten zum Teil zu ähnlichen Folgerungen gelangen. Der amerikanische Kinderpsychiater Missildine[11] widmet in seinem lesenswerten Bestseller *In dir lebt das Kind, das du warst* das Kapitel 13 dem Thema Verwöhnung.

10 vgl. ebd., S. 317.

11 W. Hugh Missildine (1990): In dir lebt das Kind, das du warst. Stuttgart: Klett-Cotta (Erstausgabe 1963).

Auch im Werk des Autorenduos Ashner/Meyerson[12], *Wenn Eltern zu sehr lieben,* wird an einigen Stellen, besonders aber im 2. Kapitel, auf das verwöhnt-vernachlässigte Kind näher eingegangen.

Erstaunlich ist für mich hingegen, dass Rogge[13] in seinem sehr praxisbezogenen Erfolgstitel *Kinder brauchen Grenzen* (1993) nur auf vier Seiten die Verwöhnung anspricht.

Einen ganz anderen, d. h. verhaltensbiologischen, Zugang zum Thema leistet von Cube in seinem 1999[14] überarbeiteten Buch *Fordern statt verwöhnen.* Von Cubes Buch bietet einige bedenkenswerte Anregungen, ist mir aber – ähnlich wie der Text von Wunsch – zu einseitig und moralisierend: So führt er beispielsweise die meisten Probleme in unserer Gesellschaft wie Zivilisationskrankheiten, Gewalt, Drogenkonsum, Kriminalität oder Umweltzerstörung fast ausschließlich auf die Verwöhnung zurück und vernachlässigt damit andere wichtige, z. B. gesellschaftliche und politische Faktoren. Und wenn er diese dann doch anspricht, so aus einer meines Erachtens sehr einseitigen und konservativen Position: War für ihn in den 1950er Jahren noch (fast) alles eine heile Welt (Leistung, Moral, Religion), so wurde via «*Ideologie der Gleichheit*» sowie «*Abwertung von Leistung*» durch die sozialdemokratische Ideologie und deren Politik die Massenverwöhnung zum Standard und Volksübel.[15] Ich kann dem überhaupt nicht zustimmen.

Zwei weitere jüngere Publikationen, die das Thema Verwöhnung teilweise ins Blickfeld nehmen, sind: *Wenn Eltern zu sehr ... Warum Kinder alles bekommen, aber nicht das, was sie wirklich brauchen* von Ehrensaft[16], ein eher auf US-Verhältnisse ausgerichtetes Buch sowie *Kinder heute: Verwöhnt und vernachlässigt,* von Singerhoff[17], ein kurzer Text. Schließ-

---

12 Laurie Ashner; Mitch Meyerson (1993): Wenn Eltern zu sehr lieben. Reinbek: Rowohlt.

13 Jan-Uwe Rogge (1997): Kinder brauchen Grenzen. Reinbek: Rowohlt (Erstausgabe 1993).

14 Felix von Cube (1999): Fordern statt verwöhnen. Die Erkenntnisse der Verhaltensbiologie in Erziehung und Führung. München: Piper (Erstausgabe 1986).

15 vgl. ebd., S. 179–185, auch S. 187, S. 190, 192.

16 Diane Ehrensaft (2000): Wenn Eltern zu sehr ... Warum Kinder alles bekommen, aber nicht das, was sie wirklich brauchen. Stuttgart: Klett-Cotta.

17 Lorelies Singerhoff (2000): Kinder heute: Verwöhnt und vernachlässigt. Reinbek: Rowohlt.

lich berichtete auch der *Spiegel* (Nr. 33/14. August 2000) unter dem Titel *Die verwöhnten Kleinen* eher oberflächlich über das Thema. Der Ratgeber *Ist mein Kind denn zu verwöhnt?*[18] von de Jong/Köster richtet sich besonders an Eltern.

Ich werde in diesem Buch mir wichtig erscheinende Aspekte dieser Autoren integrieren, das Thema aber breiter und vertiefter behandeln. Es geht mir im vorliegenden Buch nicht darum, schnelle und billige Ratschläge zu erteilen oder etwa Verwöhnung im Sinne eines Checklisten-Ratgebers abzuhandeln. Statt dessen möchte ich anhand wichtiger Erkenntnisse aus Theorie und Praxis sowie mit illustrierenden Beispielen Denkanstöße zu verwöhnendem Verhalten und seinen Folgen geben. Ich traue und mute den LeserInnen zu, ihr persönliches Verhalten selber zu überdenken und eigene Schlüsse zu ziehen, die letztlich handlungsrelevanter und nachhaltiger sind, als dies mit oberflächlichen Tipps möglich ist, welche die individuell-persönliche Situation nicht angemessen berücksichtigen. Selbstverständlich kann ein Buch eine tiefergehende allfällige Beratung nicht ersetzen, aber vielleicht den Weg dazu erleichtern.

Die meisten der angeführten Beispiele stammen aus meiner eigenen langjährigen Tätigkeit als psychologischer Berater, als Dozent für Psychologie, Entwicklungspsychologie und Pädagogik in verschiedenen LehrerInnen-Ausbildungsstätten sowie als Fortbildner und Kursleiter in pädagogischen Institutionen. Um Anonymität zu gewährleisten, sind alle Beispiele namentlich und soweit nötig auch inhaltlich leicht verändert. Mein theoretischer Ausgangspunkt beruht nicht ausschließlich auf einem einzelnen theoretischen Ansatz, gleichwohl setze ich individualpsychologische, entwicklungspsychologische und erziehungswissenschaftliche Schwerpunkte.

Kinder und Heranwachsende (oder auch Erwachsene!) zu verwöhnen kann sich in vielfältiger Art und Weise äußern und stellt eine *Haltung* der verwöhnenden Person dar, eine Persönlichkeitstendenz, die dem oder der Betreffenden meistens nicht bewusst ist. Verwöhnung ist an fast kein Alter gebunden: Schon Kinder in der Familie gegenüber jüngeren Geschwistern, Kinder im Kindergarten, Lehrpersonen in Schulen, aber auch PsychologInnen oder Ärzte laufen Gefahr, aus besten Absichten ihr

18 Theresia de Jong; Michaela Köster (2000): Ist mein Kind denn zu verwöhnt? Stuttgart: Trias Thieme.

Gegenüber in bestimmten Bereichen zu verwöhnen. Mehr dazu in den folgenden Kapiteln.

Bevor wir uns nun der mehr individuellen Seite der Verwöhnung zuwenden zum Schluss noch folgendes: Ein Blick in die menschliche Geschichte und die Berücksichtigung wissenschaftlicher Erkenntnisse zeigen über den einzelnen Menschen hinaus, dass das Streben nach Verwöhnung, das Streben, Unlust zu vermeiden und Lust zu gewinnen, so alt ist wie die Menschheit selbst. Erwähnt seien hier nur die farbig-üppigen Darstellungen vom Schlaraffenland oder vom ewig währenden – allerdings auf die Dauer doch meistens etwas langweiligen – Paradies in den Vorstellungen verschiedener Religionen.[19]

Das Streben nach Lust ohne oder mit geringer Anstrengung ist menschlich und unproblematisch, sofern es maßvoll betrieben wird. Doch mehr dazu in den folgenden Kapiteln.

19 vgl. z.B.: Hans-Jürg Braun (1996): Das Jenseits. Die Vorstellungen der Menschheit über das Leben nach dem Tod. Zürich: Artemis und Winkler. Oder auch: Bernhard Lang; Colleen McDannell (1996): Der Himmel. Eine Kulturgeschichte des ewigen Lebens. Frankfurt: Insel.
Jeffrey Burton Russell kommt in seiner *Geschichte des Himmels* (Wien: Böhlau 1999) zu einem etwas farbigeren Bildes des Himmels, speziell sieht er dies in Dantes *Göttlicher Komödie.*
Amüsant und unbedingt lesenswert zum Thema auch: Esther Vilar (1992): Die Erziehung der Engel. Wie lebenswert wäre das ewige Leben? Düsseldorf: Econ (Taschenbuchausgabe unter dem Titel: Wie lebenswert wäre das ewige Leben? Düsseldorf: Bastei Lübbe1995).

2. Was heißt Verwöhnung? Die begrifflich-phänomenologische Ebene

In der akademischen Psychologie sowie in der Pädagogik als Erziehungswissenschaft findet sich der Begriff «Verwöhnung» kaum. Und der englische Begriff overprotection deckt auch nur – und ungenau – einen Teil des Verwöhnungsproblems ab.

Die Erziehungsstil-Forschung der vergangenen Jahrzehnte (z. B. Lewin, Tausch und Tausch, Anderson, Schmidtchen u. a.) beschreibt Erziehungsstile, ohne die Verwöhnung explizit zu erwähnen. Auch im Überblicksband von Weber[20] findet sich kein Wort dazu. In keinem dieser Erziehungstil-Modelle erkennt man Praktiken, die verwöhnende Aspekte enthalten. Das ist doch eher erstaunlich, da das Phänomen Verwöhnung schon seit langem in der Theorie (vgl. z. B. bei Adler), in der Alltagssprache wie auch in der pädagogischen Praxis (Erziehung, Schule) bekannt ist. Vielleicht hängt diese Amnesie mit den zum Teil eher theoretisch entwickelten Konzepten der Erziehungsstil-ForscherInnen zusammen.

Nach Hobmair bezeichnet ein «Erziehungsstil die Art und Weise, wie ein Erzieher dem zu Erziehenden gegenübertritt. Dabei handelt es sich um relativ konstante Verhaltensweisen des Erziehers gegenüber dem zu Erziehenden [...] Erziehungsstil kennzeichnet also eine durchgängige Grundhaltung des Erziehers.»[21] Diese Definition lässt sich sehr genau auf die Verwöhnung übertragen: Verwöhnung ist ebenfalls – wie ich gleich zeigen werde – eine Grundhaltung der betreffenden Eltern oder Lehrperson, die mehr oder weniger konstant und anhand bestimmter Kriterien

20 vgl. Erich Weber (1986): Erziehungsstile. Donauwörth: Auer.
21 Hermann Hobmair u. a. (1996): Pädagogik. Köln: Stam, S. 212.

identifizierbar ist. *Verwöhnung ist eine eigene Variante eines Erziehungsstils,* so wie in der Literatur etwa ein kooperativer, ein autoritärer, ein Laisser-faire-Stil (Lewin) oder eine Dimensionenkombination (Tausch und Tausch) beschrieben worden sind.

Hobmair spricht in seinem Lehrbuch der Pädagogik nur einmal von einem überbehütenden Stil[22], der nach Tausch und Tausch eine sehr hohe Lenkung sowie eine maximale Wertschätzung beinhalten soll. Leider geht er darauf nicht näher ein. Ich möchte das in diesem Kapitel nachholen. Verwöhnung beinhaltet mehr und zum Teil anderes als nur sehr hohe Lenkung und maximale Wertschätzung, und Verwöhnung lässt sich auch nicht auf diese zwei Dimensionen reduzieren. Der verwöhnende Erziehungsstil hat auch wenig mit Laisser-faire oder Permissivität (Gewährenlassen) zu tun.

In Heilbruns Kontrollmuster-Modell werden zwei Hauptdimensionen (niedrige vs. hohe Unterstützung, niedrige vs. hohe Kontrolle) unterschieden. Die Kombination von hoher Kontrolle mit hoher Unterstützung wird dort mit überbehütend (engl. *overprotective*) bezeichnet. Ich halte dieses Konzept bezüglich der Verwöhnung für ungenau, da beim verwöhnenden Erziehungsstil die Unterstützung aus der psychologisch-pädagogischen Perspektive eben gerade nicht hoch ist: Eine echte hohe Unterstützung würde vielmehr bedeuten, dem einzelnen Kind die persönlichkeits-, situations- und altersspezifisch optimale, nicht einfach «hohe», Unterstützung zukommen zu lassen. Hohe, also optimale, Unterstützung würde dann sehr spezifisch – sich an den Bedürfnissen und Möglichkeiten des einzelnen Kindes und Jugendlichen orientierend – manchmal hoch, dann tief, später vielleicht mittel ausfallen, je nach Situation und Person.[23]

Von Cubes verhaltensbiologische Definition – «Unter Verwöhnung verstehe ich eine rasche und leichte Triebbefriedigung – mit dem damit verbundenen Lusterlebnis – ohne Anstrengung.»[24] – lenkt das Augenmerk stark auf triebgeleitete Aspekte. Wunschs Beschreibung von Verwöhnung berücksichtigt dagegen stärker eine psychologisch orientierte Sichtweise: «Verwöhnung ist das Resultat unangemessenen Agierens

---

22 ebd., S. 222.

23 vgl. Heinz W. Krohne; Michael Hock (1994): Elterliche Erziehung und Angstentwicklung des Kindes. Bern: Huber.

24 Felix von Cube (1999): Fordern statt verwöhnen. München: Piper, S. 15.

oder Reagierens auf Wünsche oder Verhalten.»[25] Und etwas später schreibt er treffend: «Verwöhnung vollzieht sich durch die Erfüllung bzw. Weckung lebensbehindernder Bedürfnisse, konkret durch zu viel oder zu wenig Gewährenlassen oder durch unangemessenes Agieren und Reagieren.»[26] Schließlich gibt Wunsch noch eine direktere Beschreibung von Verwöhnung: «Wer einem Menschen Lob, Geld, soziale Anerkennung oder andere Zuwendungen ohne eigenen Beitrag – und sei er noch so klein – auf Dauer zukommen lässt, der verwöhnt.»[27]

In diesen drei Zitaten Wunschs sehen wir deutlich zwei Aspekte: Verwöhnung ist **eine Handlung** sowie **eine Haltung** von Erwachsenen. Auf beides möchte ich näher eingehen.

Was heißt Verwöhnung?

Verwöhnung hat viele Gesichter und tritt in verschiedenen Varianten und unterschiedlichen Ausprägungsgraden auf. Die nachfolgend aufgeführten Merkmale der Verwöhnung können einzeln oder kombiniert auftreten; meistens ist zu beobachten, dass bei Verwöhnung mehrere der nachfolgend beschriebenen Aspekte vorkommen. Zudem spielen Umstände der Verwöhnenden (z. B. knappe Zeit, Trennung) und die Zeitdauer der Verwöhnung (vorübergehend oder lang anhaltend) eine wichtige Rolle. Da Verwöhnung von so vielen verschiedenen Faktoren beeinflusst wird, gibt es auch nicht *die* Verwöhnung, sondern vielmehr *individuelle, für die betreffenden Personen und Situationen persönlich charakteristische Formen der Verwöhnung*. Das macht die Sache einerseits kompliziert, aber gleichzeitig auch äußerst spannend.

Verwöhnung beinhaltet:

1. dem Kind und Jugendlichen (zu) wenig zutrauen, Überbesorgnis und Zweifel (z. B. schulisch, im Bewältigen von Aufgaben und im Erlernen von Fertigkeiten). Verwöhnung kleidet sich hier in einer Form der Überbehütung.

25 Albert Wunsch (2000): Die Verwöhnungsfalle. München: Kösel, S. 83.
26 ebd., S. 87.
27 ebd., S. 154.

Dreikurs gibt uns ein Beispiel, wie dies schon bei kleinen und harmlosen Situationen passieren kann:

> Die vierjährige Petra kniete auf dem Küchentisch und beobachtete, wie ihre Mutter ihre Einkäufe aufräumte. Eben hatte die Mutter den Eierbehälter vom Kühlschrank auf den Tisch gesetzt und aus ihrer Einkaufstasche den Karton mit Eiern genommen, als Petra nach dem Karton griff und die Eier in den Eierbehälter tun wollte. «Um Gottes willen!» schrie die Mutter, «sei vorsichtig, damit die Eier nicht kaputtgehen; ich werde es besser selber tun; warte, bis du größer bist.» [28]

Natürlich hat das kleine Kind weniger Übung mit zerbrechlichen Gegenständen; die Frage aber ist, wie es den Umgang damit erlernt. Die Mutter gibt ihm in diesem Beispiel keine Gelegenheit dazu. Der Zweifel an den eigenen, sich entwickelnden Fähigkeiten des Kindes ist das psychologisch besonders schädlich wirkende Element. Häufig drückt sich diese Haltung dem Kind und Jugendlichen gegenüber, verbal und nonverbal, in Mimik und Gestik, direkt und indirekt, wie folgt aus:

- «Das kannst du noch nicht! Dafür bist du noch viel zu klein.»
- «Das ist zu schwer für dich!»
- «Das strengt sie viel zu sehr an!»
- «Das ist viel zu gefährlich!»
- «Du gehst mir nicht allein aus dem Haus.»
- «Du kannst dich fürchterlich verbrennen, schneiden, dir wehtun…»
- «Das darfst du noch nicht!»
- «Ich muss immer genau wissen, was du tust … wo du bist.» usw.

Nicht gemeint sind natürlich sinnvolle und erst- oder zweimalige Warnungen vor gefährlichen Gefahren wie einem heißen Grill, einem Lagerfeuer oder einer stark befahrenen Strasse. Mit diesen Dingen muss das Kind tatsächlich umgehen lernen. Es geht also vielmehr um das Prinzip der dauernden Warnung, Unterforderung, des fortlaufenden Kleinhal-

28 Rudolf Dreikurs; Vicki Soltz (1989): Kinder fordern uns heraus. Stuttgart: Klett-Cotta, S. 42.

tens. Immer steht die Besorgnis, der Zweifel, die Angst des Verwöhnenden im Vordergrund, und diese Haltung kann das sich entwickelnde Selbstwertgefühl des Kindes wie eine Säure auflösen. Zu dieser Einstellung gehören häufige Zweifel und übertriebene Ermahnungen wie etwa:

- «Schafft er es wohl? Wie geht das nur aus? Es kann so viel passieren!»
- « Hast du auch nichts vergessen? Soll ich nochmals nachschauen?»
- «Telefonierst du mir sofort, wenn du heil angekommen bist?» oder: «Telefoniere mir bitte sofort, wenn du heil angekommen bist!!»
- «Schreib mir sofort, wie es dir geht!»
- «Wenn es nicht geht, holen wir dich natürlich wieder nach Hause.»
- «Hast du auch ja den Pass dabei?»
- «Hast du alles gepackt?», «Fehlt dir nichts mehr? Bist du sicher?»
- «Hoffentlich kommst du ja zurecht!?»
- «Sei vorsichtig beim Zelten, Autofahren ...»
- «Meinst du wirklich, dass du das schaffst?»
- «Soll ich nicht doch für dich ...?» usw.

Nicht die einmalige Äußerung, sondern die permanente auf das Kind oder den Jugendlichen niedergehende, fast elektrisierende Sorge, Angst und das Nicht-Zutrauen des Erwachsenen wirken psychologisch so verheerend. Auf diese Folgen werde ich im Kapitel 4. ausführlich eingehen.

Das Kind wird so von jeder normalen Beschäftigung, Aufgabe und Anforderung ‹entwöhnt› und lernt nicht, auf eigenen Füssen zu stehen.

Dreikurs liefert dazu ein bedrückendes Beispiel, das auch Aspekte der weiteren Punkte abdeckt:

> Der fünfjährige Stefan spielte ziemlich teilnahmslos im Sandkasten des Parks, zwei Block von seinem Haus entfernt. Ruhig, zart und mit ernstem Gesicht goß er langsam Sand von einer Hand in die andere. Seine Mutter saß auf einer Bank in der Nähe. Plötzlich fragte er: «Kann ich jetzt schaukeln?» «Wenn du möchtest», antwortete die Mutter. «Gib mir deine Hand, damit du dir nicht weh tust.» Stefan erhob sich vom Sandplatz und nahm die Hand seiner Mutter. «Wir müssen aufpassen und Abstand halten, damit wir nicht von der Schaukel getroffen werden», erklärte die Mutter, als sie an den Schaukelplatz kamen. Stefan setzte sich in die Schaukel. «Möchtest du, dass ich dich

abstoße?» «Kann ich das nicht selbst?» fragte Stefan. «Du könntest herunterfallen», antwortete die Mutter. «Komm, ich stoß dich ab, und jetzt halt dich gut fest!» Stefan saß ruhig und hielt sich fest, während die Mutter ihn abstieß. Bald hatte er keine Lust mehr am Schaukeln und rutschte vom Sitz der Schaukel herunter. «Sei vorsichtig, Liebes», sagte die Mutter, als sie wieder seine Hand nahm, «du möchtest doch nicht von den anderen Schaukeln getroffen werden.» Sie gingen an den kleinen Turngeräten vorbei, und Stefan schaute einigen anderen Kindern zu, wie sie sich am Reck und Barren herumschwangen und mit den Knien daranhingen. «Kann ich das auch; Mutter?» fragte Stefan. «Nein, Stefan, das ist zu gefährlich! Komm zur Rutschbahn. Sei vorsichtig, wenn du hochgehst, du möchtest doch nicht fallen. Ich werde dich unten auffangen.» Stefan kletterte langsam und vorsichtig die Stufen zur Rutschbahn hoch. Er setzte sich hin, rutschte langsam hinab, indem er sich an beiden Seiten festhielt. Auf seinen Lippen war ein schwaches Lächeln zu sehen. «Warte jetzt, bis die anderen Kinder soweit sind, sie könnten gegen dich stoßen. So, jetzt kannst du wieder hoch!» Er rutschte noch ein paarmal herab und sagte dann, dass er heimgehen wolle. Er war müde. Er nahm Mutter bei der Hand, und sie verließen den Spielplatz. Nicht ein einziges Mal hatte er geschrien, gelacht, war herumgerannt oder gehüpft.[29]

2. die (meistens gut gemeinte) **Bereitschaft, dem Kind zu bewältigende Aufgaben zu schnell abzunehmen** (häufig aus Angst vor einem Scheitern des Kindes).
So sitzt die 10-jährige Karin vor dem Aufsatzheft und jammert, weint und klagt solange, bis schließlich die ältere Schwester oder die Mutter/der Vater «Erbarmen» haben und zunächst nur den Anfang, mit der Zeit aber den ganzen Aufsatz verfassen. Das Mädchen bleibt so um den Erfolg der eigenen Anstrengung betrogen und «lernt», dass es eben zu dumm, einfallslos, unbegabt usw. ist, um einen brauchbaren Text verfassen zu können.
Auch hier gibt uns Dreikurs ein Beispiel: Der dreijährige Paul zog seinen Anorak an, damit er mit seiner Mutter einkaufen gehen könne. «Komm Paul, lass es mich vollends machen. Du bist zu langsam!»[30]

29 ebd., S. 47–48.
30 ebd., S. 43.

Wiederum spielt die Überbehütung eine zentrale Rolle.

3. das Kind mit Materiellem (Geschenke, Spielsachen usw.) **und Immateriellem** (Zärtlichkeiten, Versprechen usw.) zu überhäufen. Es geht hier um das verlorengegangene Maß und nicht um ein verfehltes Plädoyer gegen Zärtlichkeit oder für einen neuen Puritanismus.

4. die unangemessene, überschwängliche Bewunderung des Kindes wegen seiner Schönheit oder Intelligenz oder bei der auch geringsten seiner Leistungen. Solche Kinder spüren, dass sie der Mittelpunkt der Familie sind: Als Prinzessin oder kleines Model, als musikalisches oder technisches Genie oder als Schönling. Sie werden schon bewundert und gelobt, bevor sie begonnen haben, die Schuhe zu binden oder den ersten Strich ins Rechenheft zu setzen. Alles was das Kind von sich gibt, ist toll, großartig, super. So verzerren Eltern ungewollt die Proportionen und das Kind erwirbt eine falsche Selbsteinschätzung sowie eine unangemessene Erwartungshaltung den Erwachsenen gegenüber.

5. schnell und zu bereitwillig dem Kind möglichst alle Schwierigkeiten und Anforderungen des Alltags aus dem Weg räumen: Sei das in der Schule, im Alltag, zu Hause, beim Zimmeraufräumen usw.

6. dem Kind möglichst alle Frustrationserlebnisse ersparen zu wollen (vgl. auch Punkt 2). So bedauern gutmeinende Erwachsene ihre Kinder unendlich, wenn ihnen etwas wehtut, wenn ihnen ein Missgeschick passiert ist – und sie versuchen das nächste Mal, das Kind davor zu bewahren. Damit ist nicht gemeint, dass Eltern nicht mitfühlen oder trösten oder Kinder vor keiner Gefahrenquelle mehr schützen sollen.

7. vom Kind keine Anstrengung zu erwarten. Viele Eltern und LehrerInnen gehen von der Vorstellung aus, dass das Leben und das Lernen möglichst angenehm und lustbetont sein sollen. Das ist nur teilweise möglich: Leben und Lernen verlangen *auch* Konzentration, Anstrengungsbereitschaft, Durchhaltevermögen, Einsatz, Schweiß, Frustrationsfähigkeit, Umgang mit Unvermögen und Niederlagen usw. Natürlich müssen diese Fähigkeiten alters- und kindgemäß entwickelt werden.

8. Dem Kind wenig/kaum Grenzen zu setzen (aus Angst?, weil man selber als Kind zu viele Grenzen erlebt hat?)

Die Geschichte von Willi ist beispielhaft:

> Der dreijährige Willi stand jammernd vor einem Regal im Spielzeugladen. «Was möchtest du denn, Willi?» «Das!» Willi wies auf ein Spielzeugakkordeon, das er versuchte zu erreichen. «Nein, Willi, das macht zuviel Lärm. Du kannst das nicht haben. Ich kaufe dir ein kleines Auto.» Das Kind quengelte: «Ich möchte kein Auto, ich möchte das!» Die Mutter ignorierte es und schaute sich andere Sachen an dem gegenüberliegenden Regal an. Willi hing sich an das Bein seiner Mutter und schrie: «Ich will es, ich will es, ich will es!» «Hör um Gottes Willen endlich auf damit. Also von mir aus kannst du es haben!» Als die Verkäuferin das Paket der Mutter gab, wollte der Junge es sofort haben. «Wenn wir heimkommen, bekommst du es. Hier ist es zu laut.» Willi schrie heftig: «Jetzt, jetzt, jetzt!» «Gut, du kannst es tragen, aber nimm es nicht aus dem Paket heraus.» Willi riss sofort das Papier auf. Die Mutter sah hilflos um sich. Er setzte das Akkordeon in Bewegung und machte damit einen unglaublichen Lärm. «Ist gut Willi, du weisst jetzt, wie es tut. Warte, bis wir heimkommen, sonst muss ich es dir wegnehmen.» Wieder betätigte er das Instrument. Die Mutter nahm es ihm weg. Er schrie wie am Spieß, bis sie es ihm zurückgab. Abermals ließ er alle Register erschallen. Die Mutter wurde wild. «Willst du jetzt warten, bis wir hier heraus sind?» Auf Willi machte dies keinerlei Eindruck. Schließlich schob die Mutter ihren Sohn aus dem Laden. «Du machst mich noch wild. Warum konntest du nicht wenigstens warten, bis wir draußen waren?» [31]

9. Dem Kind alle Wünsche zu erfüllen und/oder sich vom Kind unter Druck setzen oder erpressen zu lassen (die Wohlstandsgesellschaft macht es hier den Eltern nicht einfach!).
Rogge gibt uns unter dem Titel *Verwöhnung ohne Grenzen* ein anschauliches Beispiel:

> Frau Schneider bittet ihren zehnjährigen Sohn Stefan darum, zukünftig den Mittagstisch abzudecken: «Ich gehe arbeiten. Ich schaffe das nicht mehr.» Stefan sieht seine Mutter fragend an: «Was bekomme ich dafür?» Sie, irritiert: «Wieso?» «Ich habe immer etwas bekommen, wenn ich geholfen habe!» Frau Schneider zuckt mit den Schultern: «Tja!» «Da muss ich's mir überlegen», sagt

31 ebd., S. 183–184.

> Stefan, steht auf und verlässt den Raum. Frau Schneider fängt an, schnell das Geschirr abzuräumen.[32]

Weitere Varianten sind etwa: «Die anderen haben das auch!», «Wenn ich das erhalte, komme ich dafür mit euch zu den langweiligen Verwandten.» usw.

An einem zweiten Beispiel können wir diese Problematik nochmals genau identifizieren:

> «Mutter, kaufe mir einen neuen Ball!» verlangte Sven. «Ja wozu denn?» «Ich mag meinen alten Ball nicht mehr. Komm geh mit mir, damit wir einen kaufen können!» «Sven, ich bin müde. Wir können das morgen tun.» «Jetzt!» Der Junge stampfte mit dem Fuß. «Sven, bitte, wir waren heute schon so oft weg. Zuerst waren wir schwimmen, dann hattest du deine Reitstunde, dann gingen wir wieder schwimmen. Kann ein neuer Ball nicht bis morgen warten?» «Ich möchte jetzt gehen und jetzt einen neuen Ball haben.» Die Mutter wies nochmal darauf hin, dass sie jetzt müde sei. Ihr Sohn schrie und weinte und fluchte und trat sie schließlich mit den Füßen. Zuletzt gab sie nach, ging mit ihm in den Laden und kaufte einen neuen und größeren Ball.[33]

10. Verwöhnung heißt letztlich die Logik des menschlichen Zusammenlebens außer Kraft setzen – u. a. als Folge der Punkte 3. bis 9. Verwöhnte Menschen lernen nur zu wünschen, zu bekommen, zu «haben», wie es Fromm auch nennt, aber es fehlt ihnen weitgehend die Perspektive des Schenkens, Einfühlens, Großzügigseins mit anderen. Verwöhnte Kinder und Jugendliche übergehen glatt die Bedürfnisse ihrer Mitmenschen. Sie kennen nur ein «Ich will», «jetzt», «sofort». Warten ist ihnen fremd.

Die dargelegten Punkte haben neben einzelnen verwöhnenden Maßnahmen die Haltung des Verwöhners/der Verwöhnerin deutlich gemacht: *Es ist eine umfassende Einstellung, die ständig auf das Kind wie die tropische Temperatur eines Treibhauses einwirkt, es ist ein individueller «Treibhauseffekt».* Verwöhnung bedeutet in diesem Verständnis ein überängstliches

32 Jan-Uwe Rogge (1997): Kinder brauchen Grenzen. Reinbek: Rowohlt, S. 72.
33 vgl. Dreikurs/Soltz (1989): Kinder fordern uns heraus. Stuttgart: Klett-Cotta, S. 180.

Bewahren des Kindes, ein Fernhalten aller sich stellenden Probleme, ein fortwährendes Eingehen auf (fast) alle kindlichen Wünsche und Launen, kurz: Das Kind erlebt eine gänzlich irreale Welt.

Verwöhnung darf aber, und das ist mir sehr wichtig, keinesfalls mit echter emotionaler Zuwendung, mit empathischem Eingehen auf das Kind verwechselt werden, denn das stärkt das Kind in der Auseinandersetzung mit den Aufgaben des Lebens, gibt ihm den nötigen emotionalen Rückhalt und Beistand. Verwöhnung und situationsgemäße Zuwendung und Unterstützung sind klar voneinander zu trennen und nicht zu verwechseln – das mag im Einzelfall als Betroffene/r nicht immer einfach sein, weil es die genaue Kenntnis des Kindes oder Jugendlichen und eine Beziehung zu ihm voraussetzt. Der verwöhnende Erwachsene dagegen schwächt das Kind, indem er es von einer eigenen und aktiven Lebensbewältigung fernhält.[34]

Verwöhnung bedeutet psychologisch betrachtet ein **Zuviel** (z. B. an Sorge), ein **Unangemessen** (z. B. bezüglich Entlastung) und ein **Zuwenig** (z. B. an Zutrauen, Vertrauen, Ermutigung, Forderung).

Verwöhnung ist:

- *das Übermaß* an Zärtlichkeit
- *das Übermaß* an Besorgnis
- *das Übermaß* an Hilfsbereitschaft
- *das Übermaß* an Entlastung
- *das Übermaß* an Geschenken, Geld, Spielsachen
- *der Mangel* an Zutrauen, Ermutigung
- *der Mangel* an Zuversicht
- *der Mangel* an Forderung: zu Ausdauer, Anpacken, Durchhalten, Ausprobieren
- *der Mangel* an freundlicher Grenzsetzung.

34 vgl. Barbara Oehler (1977): Der Einfluss der verwöhnenden und verzärtelnden Erziehung auf die gesunde und kranke Entwicklung der menschlichen Persönlichkeit. Zürich = Diss., S. 3

Es ist bei jeder verwöhnenden Person individuell und hängt von ihrer Persönlichkeit, ihrer Lebensgeschichte und -situation ab, wo sie die Schwerpunkte in der Verwöhnung setzt (vgl. dazu besonders auch Kap. 5).

Wir können daher auch von verschiedenen Schwerpunkten oder *Modi der Verwöhnung* sprechen. Nachfolgend drei Beispiele:

▶ **Beispiel**

Bei Herr Fehr steht die Besorgnis im Vordergrund: Schafft es sein Sohn in der Schule mit den anderen Kindern? Wird er von den LehrerInnen nicht überfordert? Ist das Ferienlager hoch oben in den Bergen nicht zu früh und zu weit weg von zu Hause? Hat der Knabe nicht großes Heimweh? Könnte er sich dort nicht stark erkälten, da es dort so kalt und er so empfindlich ist?

→ Herr Fehr verkörpert den *ängstlichen, besorgten Modus*

▶ **Beispiel**

Die Großeltern von Maja sind angetan von ihrer Herzlichkeit und Schönheit. Sie bewundern das blondgelockte, schöne und aufgeweckte Kind und bringen jedes Mal zum Besuch teure und exklusive Geschenke für sie mit. Maja ist für sie ihr einziges Enkelkind und ihr Sonnenschein, ihr Ein und Alles.

→ Bei Majas Großeltern steht der *Modus der materiellen Verwöhnung,* kombiniert mit *übermäßiger Bewunderung,* im Vordergrund – also eine Mischform.

▶ **Beispiel**

Die 7-jährige Sereina hat eine ganz leichte körperliche Behinderung. Die Eltern sind deswegen sehr besorgt und möchten auf keinen Fall, dass sich das Kind überanstrengt und überfordert. Sie sind selber beide sehr streng und ohne Rücksicht auf ihr Alter und ihre Bedürfnisse erzogen worden. Schnell springen sie ein, wenn Sereina ein Buch nicht gleich findet, bei einer Zeichnung rasch aufgibt oder brechen den gemeinsamen Ausflug oder Einkauf mit der Familie ab, wenn Maja dies zu mühsam findet. Zudem haben sie sich mit der Schule angelegt, weil sie für eine vollständige Dispens im Turn- und Schwimmunterricht plädieren und die Lehrpersonen und Fachleute (u. a. der Schularzt) dies bei Sereina gerade für kontraindiziert erachten.

→ Sereinas Eltern repräsentieren den *Modus, keine Anstrengung vom Kind zu erwarten,* kombiniert mit *Ängstlichkeit und Überbesorgnis.* Auch hier wird eine Mischform praktiziert.

Die meisten Verwöhnungstypen treten – wie schon erwähnt – in kombinierter Variante auf.

Positive Verwöhnung

Ich spreche hier bewusst von der negativen Seite der Verwöhnung. Es gibt natürlich auch positive Seiten. Kinder lieben es, an einem Tag – z. B. an ihrem Geburtstag – einmal KönigIn zu sein und zu Hause entsprechend behandelt zu werden: An diesem Tag räumen Vater oder Mutter das Zimmer auf, kochen das Lieblingsessen des Kindes, räumen alles Geschirr ab, gehen mit dem Geburtstagskind in den Freizeitpark usw. Positive Verwöhnung kann heißen, dem Kind gelegentlich auch einen Sonderwunsch zu erfüllen. Umgekehrt tun das auch Kinder Erwachsenen gegenüber, die sie mögen, sehr gerne.

Auf der Erwachsenenebene finden sich ebenfalls positive Formen der Verwöhnung: Dem Partner etwas Spezielles zuliebe tun, die Freundin mit einem besonderen Essen zu verwöhnen, sich über ein Wochenende in einer gediegenen Unterkunft verwöhnen zu lassen, Freunde mit einem feinen Essen zu verwöhnen oder sich selber (Selbstverwöhnung) etwas Tolles gönnen. Diese Beispiele sind normal, unterstützenswert und verschönern das Leben ungemein. Bei der vorher angesprochenen problematischen Seite der Verwöhnung hingegen geht es um eine inadäquate Grundhaltung dem Leben, den Menschen gegenüber, um einen Verlust des richtigen Maßes.

3. Felder der Verwöhnung: Die Angebotsebene

Aufmerksame und sensibilisierte BeobachterInnen finden in verschiedensten Bereichen (Beziehungen, Institutionen) unzählige Verwöhnungsangebote sowie praktizierte Verwöhnung. Das möchte ich an einigen wenigen ausgewählten Beispielen aufzeigen.

Frühe Kindheit und Vorschule

Für jedes neugeborene Kind ist die Qualität und das ausreichende Maß an Zuwendung, Aufmerksamkeit und Zärtlichkeit von grundsätzlicher Bedeutung für sein späteres Leben. Übertriebene Zärtlichkeitsbezeugungen nehmen jedoch auf die wirklichen Bedürfnisse des Kindes kaum Rücksicht und sollten wohl besser als Zudringlichkeit bezeichnet werden. Dem Menschen ist von Beginn seines Lebens die Aufgabe gestellt, am Prozess seines Werdens, seiner Entwicklung aktiv mitzuarbeiten. Ein gesundes Kind will und tut das auch, von Anfang an. Das beginnt schon im Säuglingsalter. So übernimmt der Säugling beim Stillen eine wichtige aktive Rolle: Gegen den Säugling kann nicht gestillt werden! Verwöhnung beginnt schon da, wenn Eltern das Kind mit Nahrungsbrei usw. voll stopfen wollen, obwohl es signalisiert hat, dass es keinen Hunger mehr hat. Auch ein ständiges Getragenwerden schädigt das heranwachsende Kleinkind: Es braucht Bewegung, um sich, seinen Körper und die Außenwelt zu erfahren und erkunden zu können.

Verwöhnung zeigt sich häufig auch beim Essen: Die Präferenzen sind hier von Mensch zum Mensch natürlicherweise verschieden, und Kinder bringen ihre diesbezüglichen Abneigungen und Favoriten deutlich zum Ausdruck. Eine vielseitige, abwechslungsreiche Kost, bei der es gelegentlich auch weniger Beliebtes geben darf, ist sinnvoller, als sich nur noch ausschließlich auf die «Hits» der Kinder einzurichten. Selbstverständlich sollen Kinder und Jugendliche nicht gezwungen werden, etwas zu essen.

Oder das Thema Schuhebinden: Statt dem Kind zu helfen, seine Schuhe selber zu schnüren, wird das Problem umgangen, indem Schuhe mit Klettverschluss angeschafft werden.

Verwöhnende Eltern fahren ihre Kinder jeden Tag mit dem Auto in den Kindergarten oder den Hort – auch wenn es gefahrlos und überflüssig ist – oder begleiten es zu lange und zu besorgt zu Fuß, wegen einer zu überquerenden Straße. Damit bringen sie das Kind um wichtige Erfahrungen und Kompetenzen. Verwöhnung zeigt sich auch besonders in der Überbesorgnis beim Eintritt in den Kindergarten. Die ängstliche Besorgnis, ob das Kind im Kindergarten schnellen Anschluss und die richtigen Freunde findet, von der Erzieherin speziell im Auge behalten und gemocht wird, ist dieser aus vielen Erfahrungen wohl bekannt. Bei der ersten Träne des Kindes nagt der Zweifel, ob die Ablösung wohl doch noch zu früh, zu hart sei. Kinder spüren mit ihren feinen Antennen rasch diesbezügliche Gefühle und reagieren auf die entsprechende Mimik der Mutter. Vielfach tragen wohlmeinende Mütter ihrem Kind die Tasche mit dem Pausenbrot in den Kindergarten nach: Das Kind hat nicht gelernt, dafür selber zuständig zu sein. Sie verpacken ihr Kind, als ob *sie* frieren würden. Solche Kinder lernen dann nicht mehr, sich warm anzuziehen, um nicht kalt zu bekommen, sondern weil die Mutter das will; kurz: Die angepasste Kleidung ist nicht ihre eigene Sache.

Ein weiteres Beispiel: Sabrina bringt neuerdings jeden Morgen eine Brik-Packung gesüßten Eistee in den Kindergarten mit. Auf Nachfrage der Erzieherin drückt sich das Kind herum, gibt aber keine klare Antwort. Beim Abholen spricht die Erzieherin die Mutter darauf an, weil sie jeweils für die Kinder im Kindergarten frischen Tee zubereitet. Die Mutter berichtet, Sabrina hätte sich bei ihr über den ungesüßten Tee im Kindergarten beschwert, darum hätte sie nun dem Kind eben … Andere Fünfjährige kommen mit dem Handy in den Kindergarten, damit sie jederzeit Mama anrufen können und umgekehrt.

Verwöhnende Eltern stehen bei Konflikten meistens prinzipiell auf der Seite des Kindes, sie verstehen sich als ihr persönlicher Anwalt. Das Kind hat immer recht, die anderen Kinder oder die Lehrperson sind immer schuld, mögliche Anteile des eigenen Kindes am Konflikt sind tabu. Selbstverständlich sollen Eltern sich für ihr Kind einsetzen und es unterstützen, aber dabei fair bleiben. Das kann eben auch heißen, dass das eigene Kind im Unrecht ist und dafür – angemessen und altersentsprechend – gerade stehen muss.

Im Kindergarten sind häufige Verwöhnungsfelder:

- *das Aufräumen:* Wie viel macht am Schluss – wo alles so schnell gehen muss – doch die Erzieherin?
- *das Geschenke-Basteln* für Geburtstage und Weihnachten: Viele Erzieherinnen vollenden schließlich das unfertige Produkt, damit das Kind doch noch zu einem Ende kommt. Unfertige Arbeiten werfen am Schluss ja auch ein schlechtes Licht auf die Erzieherin....
- *gemeinsame Aktivitäten:* Der 4-jährige Peter weint, wenn er nicht sofort drankommt. Obwohl er diesmal sogar aufgestreckt hat, darf ein anderes Kind die Reihe anführen. Wütend schmeißt er den Stuhl um, flucht und grollt der Erzieherin unübersehbar und demonstrativ. Das Beispiel wiederholt sich, mehrmals.

Der Kindergarten bietet für Verwöhnung insofern eine weniger günstige Ausgangslage, da in der Regel viele Kinder in einer Gruppe sind und Verwöhnung daher eher punktuell möglich ist. Viel hängt allerdings auch von der Person der einzelnen Erzieherin ab.

Schule / Schulalter

Viele Kinder und Jugendliche haben heutzutage ein eigenes Zimmer, «ihr» Zimmer. Das Aufräumen dieses Zimmers gehört allerdings häufig nicht mehr in ihren Zuständigkeitsbereich, kurz gesagt: Die Mutter erledigt das. Viele Kinder lernen nicht, auf ihre Sachen zu achten und Sorge zu tragen: Bald jeden Monat wird ein neues Skateboard gekauft, da das «alte» durch unachtsamen Umgang kaputtgemacht wurde, die im Hallenbad vergessene Badehose wird anderntags ersetzt, das Geld für die verlorengegangene teure Marken-Trainerhose anstandslos zur Verfügung gestellt. Der 12-jährige Martin erzählt mir in vorwurfsvollem Ton, dass seine Mutter so vergesslich sei. Auf Nachfrage beklagt er sich, sie vergesse immer etwas, wenn sie ihm die Sporttasche fürs Training packe.

Weitere Beispiele: Der bald 12-jährige Jan schläft immer noch im Bett der Mutter – weil er dies eben noch brauche und in der Nacht so ängstlich sei – so die gut meinende Mutter in einem Beratungsgespräch. Die 9-jährige Simone wird von ihrer Mutter noch gewaschen und angezogen; dem älteren Bruder legt sie am Abend die frische Wäsche für den nächsten Tag hin – wie übrigens auch ihrem Mann. Gegenüber einer Kollegin rechtfertigt sie ihr Tun mit dem Unvermögen des Sohnes, die richtigen, d. h. farblich aufeinander abgestimmten und der Temperatur angemessenen Kleider zu wählen. Was er auf diese Weise nicht lernt. Nicht wenige Dritt-, ja Viertklässler bewältigen den Schulweg noch nicht allein; sie werden begleitet oder mit dem Auto hingefahren: Der Preis ist u. a. ein Auslachen und Hänseln durch die KlassenkameradInnen.

Oder das Thema Haustiere: Kinder lieben Tiere. Die anfängliche Begeisterung über das neue Meerschweinchen, das exotische Reptil oder den lange ersehnten Schäferhund sind dann verflogen, wenn die stolzen BesitzerInnen zu realisieren beginnen, dass mit einem Haustier auch lästige Käfigpflege, anstrengende Futterbeschaffung oder der regelmäßige Auslauf verbunden sind. Auch hier springen nach endlosen Versprechungen und Diskussionen die gut meinenden Eltern, meistens die Mutter und mit schlechten Gefühlen, ein.

Auch beim Erlernen eines Musikinstruments zeigen sich rasch verwöhnende Angebote: Wenn der Erfolg nach einigen Keyboard-Stunden ausbleibt, geben die Eltern den frustrierten Kindern Grünlicht zum Wechsel aufs Saxofon. Da ohne Übung kein Meister vom Himmel gefallen ist, droht auch hier bald ein erneuter Wechsel – wenn das Kind nicht gleich die Musikwelt ganz aufgibt und sich nur noch als passiver Musikkonsument zufrieden gibt. Selbstverständlich soll ein Kind nicht gegen seinen ausdrücklichen Wunsch gezwungen werden, ein Instrument über längere Zeit spielen zu müssen, wenn es keine Freude hat. Auch ist nicht jeder Wechsel fehl am Platz.

Verwöhnung in Reinkultur praktizieren auch viele Schulen im Bereich Ordnung. Ein Gang durch Schulhäuser während des Tages bis kurz nach Schulschluss offenbart dem staunenden Besucher u. a. auf Tischen, unter Bänken und in den Gängen: Halb leer getrunkene Getränkeflaschen, Papierfetzen, Tintenpatronen, Zeitungen, Kleider, Essensreste, Mülltüten usw. Kaum ist der letzte Schüler verschwunden, kommen die modernen Heinzelmännchen, genannt das Putzpersonal, zum Einsatz, damit am nächsten Morgen die gesäuberten Zimmer und Gänge wieder von neuem von eifrigen und kreativen DekorateurInnen und DesignerInnen verschönert werden können.

Seit Jahren schon hören Eltern, Lehrpersonen, ErzieherInnen und zum Teil sogar Studierende, dass Lernen immer nur oder vor allem Spaß machen müsse. Lernen gleich *fun.* Es wurden verschiedenste Methoden und Lernformen entwickelt, die den zwar durchaus richtigen und wichtigen Aspekt der Entspannung und Abwechslung enthalten, aber die Anstrengung (weitgehend) ausblenden. Durch die Behauptung, dass Anstrengung, Einsatz und Durchhalten durch «spielerisches Lernen» ersetzt werden können, werden falsche Vorstellungen und Bedürfnisse hinsichtlich des Lernens geweckt sowie uneinlösbare Versprechen gemacht. «Fördern durch Spaß» wird heute überbetont. «Ohne Fleiß kein Preis» heißt ein altes und treffendes Stichwort. Es wird vergessen, dass Kinder und Jugendliche auch gefordert und korrigiert werden müssen. Lernen beinhaltet immer beides, je nachdem in unterschiedlichen Anteilen: Vergnügen, Lust, Entspannung auf der einen, Widerstand, Anstrengung und Einsatz auf der anderen Seite. Geschenkte, billige Erfolge sind keine Erfolge – das spüren intuitiv schon Kinder. Ein Inserat einer privaten Tages- und Ergänzungsschule in der Bildungs- und Erziehungsbeilage der Neuen Zürcher Zeitung vom 19. September 2000, das sich an eher betuchte Elternkreise richtet, verspricht in großen, dicken Lettern gar: *«Wir kennen keine Hürden. Fragen Sie uns warum.»* Die Einflüsse der Subito-, Fun- und Erlebnisgesellschaft auf Schulen sind mittlerweile unübersehbar.

Eine steigende Zahl von SchülerInnen beklagt sich in der Schule auch häufig über sogenannt langweilige und eintönige Arbeiten wie Üben, Repetieren usw. Sie wollen lieber sofort ein Resultat, den Plausch. Verwöhnung von Seiten der Schule und der Lehrpersonen kann bedeuten, von SchülerInnen zu wenig zu verlangen und zu fordern, zu rasch mit dem Abgelieferten oder der kaum verständlichen Kurzantwort zufrieden zu sein oder häufig ein Auge zuzudrücken. Auch hier möchte ich betonen: Ich plädiere keinesfalls für ein Zurück zur autoritären, lieb- und rücksichtslosen Paukerideologie früherer Jahrhunderte und Jahrzehnte. Aber Kinder und Jugendliche sollen ernst genommen werden – und das ist bei der Verwöhnung nicht der Fall.

Thema Hausaufgaben: Vor allem in unteren Klassen sind Hausaufgaben häufig eine Sache zwischen Lehrperson und Eltern statt zwischen Lehrperson und Kind. Jedes Kind vergisst gelegentlich die Hausaufgaben oder kann bestimmte Aufgaben nicht lösen. Entscheidend dabei ist aber die Haltung der Eltern: Klären sie das regelmäßige Vergessen der Aufgaben mit der Lehrerin oder ermutigen sie das Kind, mit ihr eine praktikable Lösung zu finden? Beklagen sie sich bei der Lehrerin über zu viele oder zu schwierige Hausaufgaben, bevor sie erfahren müssen, dass ihr Kind die dafür eingeräumte Zeit in der Schule vertrödelt, das Hilfsangebot der Lehrerin ausgeschlagen oder vergessen hat? Eine weitere Hürde liegt bei der Lösung der Hausaufgaben: Lösen die Eltern die Mehrzahl der Aufgaben nach entnervenden Streitereien und Tränen des Kindes schließlich selber oder übergeben sie dieses Amt erschöpft einem älteren Geschwister? Oder unterstützen sie (vielleicht mit einer kleinen Hilfe ihrerseits) und ermutigen sie das Kind so weit, es selber zu tun (Montessori)?

Über die Ferien auch noch etwas für die Schule zu tun, z. B. eine Semesterarbeit zu beenden oder einen Vortrag vorzubereiten, wird von vielen SchülerInnen heute als unzumutbar betrachtet. Selbstverständlich plädiere ich nicht für reine Arbeitsferien!

Fortführende Ausbildungsstätten

In einer Beratungsstunde erzählte mir eine Mittelschullehrerin (Fach Deutsch) Folgendes: Eine Schülerin sei kürzlich nach der Stunde zu ihr gekommen und habe wegen ihrer Deutsch-Zeugnisnote reklamiert. Sie hätte im Schnitt der schriftlichen Arbeiten eine 4,25, was also eine Endnote von 4,5 ergäbe. Den Einwand, dass sie sich im mündlichen Unterricht kaum, also ungenügend beteiligt und darum eine mündliche Note von 3,5 erhalten habe, ließ sie nicht gelten. Bei einer Lehrperson (Fach Französisch) erwartete eine andere Schülerin bei einem Durchschnitt der schriftlichen Leistungen von 3,75 eine selbstverständliche 4. Als Begründung gab sie dem verblüfften Lehrer an, sie hätte ja dafür seinen Unterricht nicht gestört!

Ein Lehrer an einer pädagogischen Ausbildungsstätte verlangt von seinen StudentInnen auf einen festgesetzten Termin (5 Wochen Zeit) eine Selbstbeurteilung und ein Feedback im betreffenden Fach. Der Zeitaufwand dafür beträgt höchstens eine Stunde. Am Termin fehlen bei der Abgabe drei Arbeiten von drei abwesenden Studierenden. Der Lehrer legt darum zur Erinnerung ins Fach der Klasse einen Hinweis zur Abgabe, da er die Studierenden vor dem Semesterende und den Sommerferien nicht mehr sieht. Da er die drei Arbeiten bis zum Termin der Notenabgabe nicht erhält, kann er kein Testat, keine Note abgeben – die drei Studierenden erhalten somit kein Semesterzeugnis. Was geschieht weiter? Die drei kümmert das wenig, sie verreisen in die Ferien. Die freundliche Sekretärin der Ausbildungsinstitution telefoniert mehrmals einzeln den drei und macht sie nochmals auf die fehlenden Arbeiten aufmerksam! Eine Studentin antwortet schließlich, sie hätte am Abgabetermin gefehlt und gemeint, die Abgabe sei deswegen hinfällig (!); zudem würde der Bericht ja nicht benotet und sei darum auch nicht zeugnisrelevant, die Verweigerung der Note durch die Lehrperson sei ihr deshalb unverständlich. Die zweite Studentin schickt den Bericht und entschuldigt sich: Sie hätte es einfach vergessen. Die dritte schließlich schickt nach vier Wochen kommentarlos ihre Arbeit ein.

Freundschaft, Partnerschaft/Liebe

Auch Freundschaften sind häufig nicht frei von verwöhnenden Anteilen: Geht die eine in ihrer Rolle als bemühte, organisierende, interessierte, aufopfernde und tröstende Freundin auf, konsumiert die andere – wie sie das vorher vielleicht schon so bei der Mutter oder einem Geschwister gewohnt war – diese Dienstleistungen. Irgendwann wird es der ersten dann doch einmal zu viel und sie realisiert die ungleiche, einseitige Beziehung zur Freundin und spürt, dass sie so zu kurz kommt.

Nicht wenige Liebesbeziehungen verlaufen nach einem ähnlichen Muster: Frauen pflegen Kontakte, organisieren Einladungen, gehen an Veranstaltungen des Kindergartens und der Schule, hören sich geduldig und einfühlsam Abend für Abend die Geschichten des Partners über schwierige MitarbeiterInnen und eklige Chefs an – bis sie nach Jahren realisieren, dass der Mann sich bisher kaum für *ihre* Belange, *ihre* Sorgen, *ihre* Gefühle interessiert hat. Natürlich sind verwöhnte Verhaltensweisen nicht geschlechtsspezifisch: Die obige Geschichte kann ohne weiteres auch mit vertauschten Rollen ähnlich verlaufen. Männer verwöhnen ihre Frauen eher im materiellen Bereich und erfüllen damit eine Vorgabe unserer Konsumgesellschaft: Wenn schon während dem Jahr wenig Interesse und/oder Zeit für die Frau, dann wird auf den Geburtstag oder auf Weihnachten alles anders. Teurer Schmuck, eine edle Goldkette oder Designer-Ohrringe lassen das Defizit der vergangenen 364 Tage vergessen. Und der Muttertag bietet einmal im Jahr eine zweite Chance, allfällige Gewissensbisse von Jugendlichen und Partnern durch einen tollen Blumenstrauß oder ein feines Essen im exklusiven Restaurant wieder zu beseitigen.

Freizeit, Konsum und Werbung

Ein wichtiges Verwöhnungsfeld ist auch die Freizeit. Kinder und Jugendliche üben heute unzählige Hobbys aus, ob Karate, Judo, Ballett, Jazztanz, Rugby, Fußball, Eishockey, Snowboard, Kickboard, Computerspiele, Musik hören oder selber spielen u. v. m. Damit sie ein optimales Programm absolvieren können, richten sich viele Eltern, fast ausschließlich die Mütter, ganz auf ihren Plan ein und betätigen sich im Nebenberuf als Chauffeuse zu allen Tages- und Abendzeiten in alle Himmelsrichtungen, ganz im Dienste des Nachwuchses. Die unterschwellige Botschaft: Mami steht immer und auf Abruf zur Verfügung.

Kinder und Jugendliche werden heute nicht nur mit materiellen Gütern überschüttet, sondern auch mit einem Überangebot an Unterhaltung, Freizeitprogrammen, Kursen usw. Das Leben scheint zu einer Game-Show oder zu einem Erlebnisurlaub zu verkümmern. Nicht nur Kino, Musical, Partys, Freizeitparks, organisierte Geburtstags-Events u. v. m. halten sie auf Trab. Auch zu Hause erwarten sie *fun* und *action*, weil das Leben sonst «megalangweilig» erscheint. Laut Spiegel (Nr. 33/14. August 2000) offerieren nun nach den USA auch Berliner Firmen ein Kinderparty-Komplettangebot: Rund drei Stunden, für 687 Mark, ist alles inklusive, auch Windelwechsel. Mit Geld scheint alles möglich zu sein.

Die enorme Rolle der Medien als Einflussfaktor auf die Persönlichkeitsentwicklung des Heranwachsenden wird heute kaum mehr bestritten; schon seit Jahren kritisieren PädagogInnen den «heimlichen Lehrplan», mit dem Massenmedien und Werbung in die Erziehung eingreifen: Werte, Ziele, Verhaltensweisen, Bedürfnisse, Gefühle sind im Visier der knallhart konkurrierenden Gesellschaften. Unangenehme Gefühle wie Angst oder Langeweile lassen sich einfach per Knopfdruck vertreiben und durch angenehmere Empfindungen ohne weitere Anstrengung ersetzen. Kinder lernen auf diese Weise sehr schnell, die unerwünschten, lästigen Gefühle wegzustecken und erwünschte abzurufen – ein seelisches Instantgetränk. Das Medium Fernsehen verleiht ihnen Macht, ihr eigenes Gefühlsleben bequem zu manipulieren. Zudem ist Fernsehen fast jederzeit verfügbar, anders als manchmal die Eltern.

Medien tragen auch in weiteren Bereichen stark zu Verwöhnungstendenzen bei und bieten gleich noch Verhaltensanleitungen dazu: Die richtige Beantwortung einiger dümmlicher Fragen bringt in TV-Shows schnell Tausende oder Zehntausende Franken oder Mark ein. Auch hier wird verwöhnten Menschen eine Botschaft vermittelt: Mit wenig Einsatz und etwas Glück erhältst du öffentliche Aufmerksamkeit, Medienpräsenz und Geld. Gefühle, Denkstrukturen usw. werden durch die permanente Mediendusche aufgebaut und verinnerlicht. Ständig werden neue Bedürfnisse geweckt und Produkte und Dienstleistungen angeboten, die man haben und beanspruchen muss, um «in» zu sein, um glücklich zu werden. Die unausgesprochene Maxime lautet: So viel Genuss wie möglich, an allem teilhaben, alles hier und heute ausprobieren, jetzt genießen, erst übermorgen bezahlen. In der Werbung ist alles auf rasche und mühelose Befriedigung von Wünschen und (Schein-)Bedürfnissen ausgerichtet. Werbung und TV fördern ein obsessives Bedürfnis nach sofortiger Wunscherfüllung, es findet eine permanente Beschäftigung mit und Hinlenkung zum Konsum statt. Einige AutorInnen sprechen sogar von «Konsum*terror*». Wichtig sind: 1. Die rasche Befriedigung und 2. das Vermeiden von Anstrengung. Wer eine Alkohol- oder Zigaretten-Reklame einmal eingehender betrachtet, entdeckt immer wieder das gleiche einfache und einfältige Strickmuster: Du musst nur dieses Produkt kaufen, und die attraktivsten jungen Frauen (oder Männer) stürzen sich auf dich, begehren nur dich und du hast auf einen Schlag beruflichen materiellen Erfolg, bist überall angesehen und bewundert. Ein großartiges Narkotikum und Zaubermittel. Periodisch hängen an unzähligen Plakatwänden frohe Botschaften der Banken: «Bargeld, so schnell Sie wollen, diskret, schnell von zu Hause, click for cash!, sofort Bargeld für ein neues Auto, eine neue Wohnungseinrichtung» usw. Es ist so einfach: «Telefon in die Hand nehmen, Nummer einstellen, Summe nennen, schnell Bargeld haben.» (Das letzte Inserat stammt von der GE Capital Bank in Brugg; das Inserat erschien im *Tagblatt der Stadt Zürich* am 29. Mai 2000). Neu sind sogar Angebote via Internet. Nur sehr kleingedruckt dann der große Haken: unverschämt hohe Zinssätze. Bankinstitute verlocken mit solchen Anzeigen Unzählige zu Kaufhandlungen, die über ihrem momentanen Budget liegen. Und noch wichtiger: Diese Plakate prägen sich schon den zukünftigen Kunden, den heutigen Kindern und Jugendlichen, unbewusst ein. Die auf den Aushängen verlockend präsentierten Güter muss man besitzen, um begehrt und erfolgreich zu sein. So sind die Ausgaben der Firmen für diese Werbung doppelt lukrativ. Auch Kreditkarten, eine äußerst praktische und hilfreiche Einrichtung, können für verwöhnte Menschen zum Verhängnis werden.

Die in der Werbung dargestellten Illusionen zielen ausschließlich auf unsere Gefühlswelt. Die darin enthaltenen Versprechungen sind häufig so verlockend, dass sich Kinder und Jugendliche (und viele Erwachsene) den Botschaften schwer entziehen können. Süßigkeiten helfen Freundschaften schließen oder wieder reparieren, mit dem richtigen Kaugummi im Mund kann man auf wundersame Weise augenblicklich die Lehrerfrage treffend beantworten, mit dem trendigen Handy ist man «megacool» und voll dabei. Die Werbespots verstärken die Vorstellung, dass Selbstwertgefühl und Markenname untrennbar miteinander verbunden sind. Kinder im Vorschulalter sind kaum fähig, die dargestellten Illusionen und versteckten Botschaften zu durchschauen. Zudem sind viele Werbespots als Unterhaltungssendung getarnt. Besonders widerlich und gemein sind Zigaretten- und Alkoholreklamen, die pausenlos und überall, ob auf Plakaten, im Kino, in Zeitschriften, im Fernsehen, auf Internetseiten usw. die zukünftigen KundInnen bombardieren. Kinder und Jugendliche sind dem Zauber der Werbespots schutzloser ausgeliefert als Erwachsene.

Singerhoff schreibt treffend:

> «Nach jahrelangem Beschuss durch Werbespots hat sich die Botschaft tief eingegraben. Es gibt für alles eine schnelle Lösung, und Kaufen ist das wichtigste Lebensziel. Konsum ist mehr wert als alles andere im Leben. Soziales Engagement und Nächstenliebe kommen in den Spots nicht vor. Bei Angst, Unruhe, Trauer oder Neid helfen BMW, Coca-Cola oder Nestlé.» [35]

Das Motto unserer Konsumgesellschaft lautet: Ich bin, was ich habe. Der Werbe- und Konsumterror entfernt vor allem anfällige, d. h. besonders auch verwöhnte Menschen, zunehmend von ihrer Fähigkeit, Glück und Wohlbefinden aus sich heraus und individuell zu suchen und zu finden.

Reißerische Berichte in den Medien ermutigen entmutigte und verhaltensgestörte Jugendliche auch zu gewalttätigem Verhalten und zu rassistischen Untaten. Auf diese Weise können sie endlich einmal im Mittelpunkt stehen. Die Aufmerksamkeit der halben Welt ist ihnen in kürzester Zeit auf sicher, die Schlagzeilen und oberflächlichen «Hintergrundberichte» der Lokal- und Boulevard-Presse und der sich gegenseitig konkurrierenden TV-Stationen garantiert. Viele dieser Jugendlichen haben nie gelernt, Verantwortung zu übernehmen und soziale Hand-

35 vgl. Lorelies Singerhoff (2000): Kinder heute: Verwöhnt und vernachlässigt. Reinbek: Rowohlt, S. 51.

lungskompetenzen zu erwerben. Mit einem Angriff auf einen schwarzen Asylbewerber erhält man im wahrsten Sinne des Wortes auf einen Schlag die volle Medienpräsenz.

Gesundheit, Sucht, Medizin und Psychiatrie

Eine gute Gesundheit hängt – neben einer entsprechenden Konstitution – vor allem von der eigenen Lebensweise ab: genügend und regelmäßiger Schlaf, gesunde und ausgewogene Ernährung, viel und regelmäßige Bewegung, befriedigende Beziehungen und Kontakte, eine sinnstiftende Tätigkeit in Beruf und/oder Familie, ökologisch günstige Umstände sowie das nötige Quäntchen Glück.

Übergewicht hat bei vielen Menschen auch mit Verwöhnung, genauer mit Selbstverwöhnung, zu tun: Sie fühlen sich häufig zu kurz gekommen, können sich schwer auf normale Portionen beschränken und kompensieren häufig auf diese Weise ihre Unzufriedenheit und Leere. Wenigstens das üppige Essen wollen sie sich nicht nehmen lassen; Essen verkommt so zur Ersatzbefriedigung. Viele verwöhnte Übergewichtige sind oder werden auch einsam, was die Bereitschaft zum unkontrollierten Verzehr fördert. Das lässt sich auch schon bei Kindern beobachten. Schokolade, Bonbons, Kuchen usw. können schon bei Kindern erste Wegbereiter in ein abhängiges Leben werden, wenn sie Ersatz für menschliche Zuwendung, Nähe, Aufmerksamkeit, Lob und Trost sind. Kinder lernen über ihre Vorbilder, vor allem die Eltern. Dabei übernehmen sie auch Suchtverhaltensweisen. Kinder lernen sehr schnell, dass eine Pille, ein Zäpfchen oder ein bestimmtes Getränk Schmerz reduziert oder beseitigt. Sie lernen, dass man den Fernseher einschaltet, um «abzuschalten» oder dass der Vater den Ärger in seiner Firma am leichtesten mit einer Flasche Wein wegspült. Wer tagtäglich erlebt, dass Probleme per Knopfdruck, mit einer Flasche Wein, einer Pille oder einem Joint zwar nicht gelöst, aber zumindest für einige Zeit weggeschoben werden können, der ist gefährdet, nicht nach eigenen Lösungen zu suchen, sondern Aufgaben und Schwierigkeiten des Lebens auszuweichen. Sucht funktioniert nach dem Selbstbelohnungsmechanismus: Suchtkranke verwenden Drogen oder Nahrung, um ihre Gefühlszustände zu manipulieren. Unangenehme Gefühle können so unterdrückt, angenehme hervorgerufen werden. Sucht ist vorübergehende Lust ohne Anstrengung. Der Süchtige fühlt sich – vorübergehend – stark, überlegen, machtvoll, entspannt. Der

Esssüchtige spürt, dass das Essen nicht nur Hunger stillt, sondern auch über Enttäuschungen hinweghilft, besonders dann, wenn bei Mitmenschen kein Trost zu finden ist. Das breite Angebot an alkoholischen Getränken, Drogen und Medikamenten lässt kaum ein Bedürfnis offen: Bei Streit, Trennung, Misserfolg in Schule, Beruf oder Liebe, bei Wut und Ärger oder Einsamkeit - immer finden sich rasch und bequem stille Tröster, die fast auf Knopfdruck unangenehme Gefühle und lästige Gedanken wenigstens für einige Stunden wie magisch beseitigen. Das ist eine Selbstverwöhnung mit verheerenden Folgen.

Die Nahrungs- und Genussmittelindustrie bietet eine breite Palette verlockender Güter an, so dass schon Kinder und Jugendliche zu allen Tageszeiten mit Unmengen von Chips, Frites, Hamburgers, Süßgetränken, unzähligen Süßigkeiten usw. versorgt sind. Übergewicht hat in den letzten Jahren nach übereinstimmenden Untersuchungen von Ärzten in den hochentwickelten Ländern massiv zugenommen. Hauptgrund: Bewegungsarmut, falsche und einseitige, d.h. zu fettige und zu süße Ernährung in zu großen Mengen.

Wer schließlich zur Einsicht gelangt ist, dass Abnehmen angezeigt wäre, wird mit unzähligen erfolgversprechenden Angeboten geködert. Dank Pflaster, Apfelessig oder Ananaskapseln, Fettmagneten oder Schlankheitstee sollen die Pfunde nur so purzeln. Glaubt man den Anbietern, dann gibt es unzählige Wundermittel, um überflüssige Pfunde in Rekordzeit und auf Dauer loszuwerden. Gemeinsam ist diesen Inseraten Folgendes: schnell, ohne Anstrengung, ohne Entbehrung, ohne Einschränkungen, relativ billig. Meistens berichten Frauen mit einer Foto vor und nach der Kur über ihren erstaunlichen Erfolg: «In nur 6 Wochen habe ich 19 Kilo abgenommen, obwohl ich nach Herzenslust aß ...» In Inseraten wie diesem und ähnlichen wird versprochen, ganz ohne Anstrengung und Medikamente hätten Frauen 10 bis 20 Kilogramm abgenommen und dabei wie gewohnt gegessen! So kommt die übergewichtige Frau zum Schluss: «Das klang einfach und ganz und gar nicht nach Entbehrungen. Deshalb sagte ich mir: Du solltest es einfach mal versuchen ... und wenn so viele Frauen bereits mit diesem Getränk abgenommen haben, so kann es doch tatsächlich das Wunder sein, auf das du schon so lange wartest.»[36] Hier finden sich alle zentralen Punkte der Verwöhnungshaltung: Keine Anstrengung, kein eigener Einsatz, keine Änderung der eigenen Lebens-,

36 aus: *K-Tip* Zürich Nr. 14/6. September 2000, S. 11

hier Essgewohnheiten, kein Verzicht, das Warten auf ein Wunder, d. h. das Erwarten des Heils vom exogenen Faktor, nämlich von außen, nicht aus eigenem Bemühen.

Leider besprechen auch viele Hausärzte mit ihren massiv übergewichtigen PatienInnen häufig nicht im Klartext, was nötig wäre: Gesunde und ausgewogene Ernährung, viel und regelmäßige Bewegung, kurz ein geänderter Lebensstil. Statt mit ihren PatientInnen lebensstilkorrigierende Einstellungen und Verhaltensweisen zu besprechen, verschreiben sie auf deren Drängen teure Pillen, die wenig bewirken, weil das Grundproblem – der falsche Lebensstil des Übergewichtigen – unangetastet bleibt. So werden Millionen von Mark aus dem Fenster geworfen und der/die Übergewichtige erlebt auch mit der neuen Wunderpille einen weiteren Misserfolg. Wer profitiert, sind die Pharmakonzerne.

Auch in der Psychiatrie wird bei vielen Krankheiten zu stark auf die Psychopharmaka als *die* Behandlungsmethode gesetzt: Psycho- und verhaltenstherapeutisches Arbeiten ist zeitaufwendiger, anstrengender, intensiver. Besonders verbreitet ist dieser Zustand oder treffender Missstand bei Altersdepressionen: Statt einer sorgfältigen Anamnese wird rasch ein Antidepressivum verschrieben. Das ist für beide Seiten bequemer und schneller. Den Schaden trägt der kranke Mensch allein.

Religion und Esoterik

Religion und Esoterik bieten seit Jahrhunderten diverse Angebote zur Verwöhnung. Diese sind nicht immer ungefährlich[37]. Schon Marx sprach in seinem prägnanten und umstrittenen Satz von der Religion als Opium des Volkes. Religion kann in bestimmten Ausprägungen auch zu einem ausgesprochenen Fatalismus im Fühlen, Denken und Handeln des Menschen führen: Da alles von Gott kommt, Gott der Schöpfer, Willensgeber, Trostspender, Verurteilende, Richtende ist – kurz: Gott ist alles, ihm verdanken wir alles, der Mensch ist nichts –, kann der Gläubige nur in demütigem, sich in sein irdisches Schicksal ergebendem Verhalten die transitorischen Jahre im Diesseits überstehen, hoffend auf ein besseres

37 vgl. Jürg Frick (1999): Das Ende einer Illusion. Denkanstösse zu Ethik und Pädagogik der Bibel. Neustadt: Lenz; Sigmund Freud (1927): Die Zukunft einer Illusion. In: *Studienausgabe*, Bd. 9. Zürich: Ex Libris 1974.

Schicksal im Jenseits. Zum Fatalismus tragen Lehren über die Prädestination, aber auch die unveränderbaren hierarchischen Strukturen religiöser Heilslehren und Kirchen bei. Besonders fundamentalistische Organisationen wie etwa Scientology oder Opus Dei und entsprechende Glaubensüberzeugungen beinhalten verwöhnende Anweisungen, Gedanken und Antworten. Einige wenige Beispiele müssen hier genügen.

Jede monotheistische Religion baut ihr Fundament auf Glaubensangeboten auf: Wer glaubt, Gott oder seinen Vertretern auf Erden gehorcht, wird – je nachdem – ewig leben, selig werden usw. Viele religiöse Menschen erbitten und erflehen sich Dinge von Göttern, die sie selber anpacken, lösen müssen (z. B. einen passenden Partner finden, zu Wohlstand gelangen) oder die schwer erreichbar sind (z. B. von Krebs geheilt werden). Der Glaube an Gott verspricht so (fast) alles: Gesundheit, Liebe, Anerkennung, Sicherheit, Reichtum, Zufriedenheit, Frieden mit sich und den anderen, ewiges Leben. Ergänzende und bekannte Angebote heißen Lourdes oder Fatima, ja es existieren noch viele andere «Wunderorte». Die großen monotheistischen Religionen verlangen zwar in ihrem Selbstverständnis eine gewisse Anstrengung im kurzen Diesseits und belohnen, d. h. verwöhnen danach im ewigwährenden paradiesischen Jenseits. Ein auf den ersten Anblick verlockendes Angebot (vgl. dazu auch die Anm. 19 in Kap. 1). Neuerdings kann man/frau auch an so genannten «Kraftorten» seine Batterien wieder aufladen, tanken. Das Umarmen des kraftspendenden Baumes, das «richtige» Hinstehen und damit das «Umpolen» der Energie in den eigenen Körper – und schon geht alles ganz einfach! Wenig Einsatz und große Wirkung: Das unbewusste Credo des verwöhnten Menschen wird hier erkennbar. Kein Wunder boomt die Branche.

Ähnliches versprechen unzählige selbst ernannte Gurus, Wunder- und «Alternativ»-HeilerInnen, «Medien» und wie sie alle bezeichnet werden. Mit wenig eigenem Einsatz – außer blindem Glauben und dem Abliefern von erheblichen Geldbeträgen – wird den Menschen das Blaue vom Himmel versprochen: Ob Lunatismus, Graphologie, Geistheilen, Handlesen, Astrologie, Irisdiagnostik, Aurasoma, ob Aromatherapie, Channelling, Feuerlauf, Wahrsagen, Radiästhesie, Rebirthing, ob Reiki, Wunderheiler oder die Prophezeiungen von Celestine und Nostradamus – der bequemere Glaube wird der nötigen und manchmal eben auch unangenehmen, zeitaufwändigen Arbeit an sich selber vorgezogen – mit fatalen

Folgen.[38] Für solche verführerischen Angebote ist die Persönlichkeitsstruktur des Verwöhnten besonders anfällig; wer mit Unsicherheit und Ungewissheiten schwer zu Rande kommt und gleichzeitig über wenige eigene Kräfte verfügt, ist ein potenzieller Kandidat für entsprechende Verlockungen und Versprechen. Besonders problematisch dabei ist, dass alle diese Angebote eine Regression auf frühere Stufen der Entwicklung, eine Infantilisierung, wie sie z. B. bei der Verwöhnung anzutreffen ist, repräsentieren und herbeiführen.

Der Berufsverband deutscher PsychologInnen e.V. hat 1997 eine Checkliste[39] zur Einschätzung von Sekten und ähnlichen Gruppierungen veröffentlicht: Was macht eine Gruppe problematisch bis gefährlich? Wodurch wird sie zum destruktiven Kult, der Menschen in Abhängigkeit führt, ausbeutet oder zerstört? Welche Mechanismen kommen zur Anwendung? Ich möchte aus den vielen Punkten der sechs Hauptbereiche nur die für die Verwöhnung relevanten kurz herausgreifen. Bei der Ideologie (1.) herrscht ein Schwarz-Weiß-Denken vor: Einfache Gut-Böse- oder Richtig-Falsch-Muster prägen das Denken und Handeln. Das trifft teilweise auf Verwöhnte zu: Wenn ein kurzer Einsatz nichts bringt (oder nichts verspricht), gibt man auf, wechselt das Pferd, delegiert die unangenehme Aufgabe usw. Bei der zentralen Führerfigur (2.) ist der Verwöhnte gefährdet, sich einer solchen Figur zu unterwerfen, sofern sie ihm die relativ bequeme Erreichung seiner Ziele verspricht. Viele Verwöhnte weisen auch ein Elitebewusstsein auf: Sie fühlen sich als die besseren, besonderen, missverstandenen, unentdeckten, verkannten Menschen. Auch dies ist ein gefährlicher Punkt in vielen Religionen, religiösen, «alternativen» und esoterischen Gruppierungen, da diese mit den entsprechenden Gefühlen ihrer Mitglieder arbeiten und sie letztlich missbrauchen. Allein die Zugehörigkeit und die minimalistische Ableistung einiger verlangter Pflichten (Geld, Besuch der Veranstaltungen

38 vgl. z. B. Colin Goldner (1997): Psycho. Therapien zwischen Seriosität und Scharlatanerie. Augsburg: Pattloch sowie: Gerhard Kern; Lee Trayner (1995): Die esoterische Verführung. Aschaffenburg: IBDK; auch: Michael Shermer u. a. (1998): Skeptisches Jahrbuch 1998 – Endzeittaumel. Propheten, Prognosen, Propaganda. Aschaffenburg: Alibri und: Michael Shermer; Lee Traynor (2000): Heilungsversprechen. Zwischen Versuch und Irrtum. Aschaffenburg: Alibri.

39 Berufsverband deutscher PsychologInnen e. V.: Was eine alternativ-spirituelle Gruppe zur Sekte macht. Bonn 1997.

usw.) schafft manchmal schon ein «besseres» Gefühl. Bei den Techniken zur Persönlichkeitsveränderung (5.) sind verwöhnte Menschen ebenfalls – wie schon kurz erwähnt – anfällig auf «emotionsmobilisierende, euphorisierende und bewusstseinsverändernde Techniken»[40]. Diese Techniken ersetzen aufwändigere und anstrengendere, aber dafür auch erfolgversprechendere Methoden wie etwa Psychotherapie, Sport usw.

40 ebd.

4. Auswirkungen und Folgen der Verwöhnung: Die psychopathologische Ebene

Die möglichen Folgen der Verwöhnung oder verwöhnender Elemente in der Erziehung zeigen sich bei Kindern offener, bei Erwachsenen manchmal etwas verdeckter; sie sind je nach Verwöhnungsmodus (vgl. Kap. 2) verschieden und äußern sich meistens mehrfach kombiniert. Eines oder zwei Merkmale der folgenden Aufstellung berechtigen noch nicht zu einer Diagnose Verwöhnung. Zudem können einzelne Merkmale – z. B. Passivität oder Mittelpunktstreben – durch ganz andere Erziehungshaltungen entstanden sein, beispielsweise infolge einer autoritären, gewalttätigen, einschüchternden Erziehung. Im Psychischen gibt es keine absolut zwingende Kausalität. Zwar kann allgemein gesagt werden, dass der verwöhnende Erziehungsstil sich auf die Entwicklung der kindlichen Persönlichkeit ungünstig auswirkt. Wie er aber im Einzelfall die Entwicklung des Charakters beeinflusst, lässt sich nicht im Voraus sicher sagen. Das Kind ist nicht ein leeres, zu beschreibendes Blatt, das alle Einflüsse von außen ungefiltert, eins-zu-eins, verinnerlicht, sondern es nimmt vom ersten Lebenstag an aktiv Anteil an seiner Entwicklung als Mitgestalter, d. h. das Kind verarbeitet alle Einflüsse individuell, persönlich, subjektiv. So können schließlich die Folgen von Verwöhnung im einen Fall vorwiegend Herrschsucht und Anspruchshaltung, im anderen aber auffallende Passivität und Entmutigung und in einer dritten Variante eine Mischung beider sein. Dabei spielt natürlich – wie ich im Kapitel 2 ausführlicher dargelegt habe – auch der individuelle Modus des verwöhnenden elterlichen Erziehungsstils eine große Rolle. Weiter können auch außerfamiliäre Bezugspersonen den verwöhnenden familiären Erziehungsstil verstärken oder abschwächen.

Die meisten Menschen haben, zumindest in schwacher Ausprägung teilweise verwöhnende Erziehungspraktiken erlebt, ergänzt mit weiteren Erziehungspraktiken wie loben, ermutigen, tadeln, strafen, schlagen, beschimpfen, überfordern, keine bis enge Grenzsetzung usw. Es ist deshalb im Einzelfall eine sorgfältige psychologische Abklärung, d. h. eine Analyse der Persönlichkeit des Kindes, seiner individuellen Symptomatik, der elterlichen Haltung sowie der weiteren Umstände nötig. «Reine» Formen der Verwöhnung treten kaum isoliert auf.

Trotzdem: Je mehr dieser Folgen zu beobachten sind und je ausgeprägter und über einen längeren Zeitabschnitt sie auftreten, mit desto größerer Wahrscheinlichkeit kann eine verwöhnende Erziehungshaltung angenommen werden.

Wichtig ist mir noch zu betonen, dass die meisten der aufgeführten Auswirkungen den Betroffenen kaum bewusst sind: Sie sind ihnen «in Fleisch und Blut übergegangen», sie repräsentieren einen Teil ihrer Persönlichkeit, sie sind ein zentrales Element ihres Lebensstils. Verwöhntes Verhalten geschieht nicht aus einer böswilligen, perfiden oder bewussten Absicht, sondern ist eine früh gelernte, selbstverständlich gewordene Gewohnheit.

Ich werde in diesem Kapitel in einem ersten Teil (4.1) zuerst in 23 Punkten häufige Auswirkungen aufführen und kurz erklären, um dann im zweiten Teil (4.2) anhand verschiedener Bereiche (z. B. frühe Kindheit und Vorschule, Berufsleben oder Freizeit und Konsum) diese Auswirkungen an ausgewählten, konkreten Beispielen zu verdeutlichen. Der dritte Teil (4.3) vergleicht die Auswirkungen der Verwöhnung u. a. mit wissenschaftlichen Konzepten zur psychischen Gesundheit, mit persönlichen Kompetenzen (z. B. der emotionalen Intelligenz) oder Entwicklungsaufgaben, während im vierten Teil (4.4) literarische Darstellungen von Verwöhnung den Abschluss bilden.

4.1 Dreiundzwanzig häufige Auswirkungen von A (Angst) bis Z (mangelndes Zutrauen)

Gesteigerte Macht- und Herrschsucht (1)

Diese Tendenz kann auch bei einer nicht verwöhnenden, autoritären Erziehung eine häufige Folge sein. Macht- und herrschsüchtige verwöhnte Menschen wollen immer alles nach ihrer Pfeife tanzen lassen, sie müssen demonstrieren, Befehle erteilen, kontrollieren können. Wenn das nicht geht, sind sie zutiefst beleidigt und ziehen sich meistens zurück. Verwöhnte Kinder wollen bestimmen, wer im Kindergarten drankommt, wer ihnen zu gehorchen hat, was die Erzieherin im Hort zu tun und zu lassen hat. Zu Hause versuchen sie der Mutter vorzuschreiben, was sie zu kochen oder anzuziehen hat, den freien Abend eines Elternteils zu verhindern, indem sie quengeln, langsam ins Bett gehen, eine zweite und dritte Geschichte hören wollen usw., oder sie bestimmen, wohin die Familie in die Ferien fahren soll. In besonders ausgeprägten Fällen beanspruchen solche Kinder die lückenlose Anwesenheit und Aufmerksamkeit eines Elternteils.

Große Anspruchshaltung, Versorgungserwartungen, unrealistische Erwartungen an die Mitmenschen, Bequemlichkeit (2)

Verwöhnte Menschen haben gelernt, dem Gegenüber mit einer permanenten Anspruchshaltung, mit immer neuen Forderungen zu begegnen. Sie sind sich gewohnt, dass Freunde, Partner, Eltern, aber auch Institutionen für sie alles erledigen, zurechtbiegen. Sie erwarten von ihnen alle möglichen und unmöglichen Dienstleistungen als selbstverständlich. Die verwöhnten Kinder sind mit dem Gefühl, der unbewussten Einstellung aufgewachsen: «Mir gehört die Welt, ich bin da, um Spaß zu haben – den Rest erledigen die Eltern.» Die Welt hat als *ihre* Versorgungs- und Dienstleistungsgesellschaft zu funktionieren, der Mitmensch als persönlicher Wunscherfüller. Ein Klient sagte mir einmal nach vielen Gesprächen über seine Verwöhnung traurig: «Ich habe kein Talent außer dem, talentierte Menschen zu finden und sie dazu zu bringen, für mich zu arbeiten.» Solche Menschen sind anmaßend statt mutig. Hier wird eine völlig unrealistische Einstellung zum Leben, eine falsche «Logik des Lebens», sichtbar.

So streckt die 5-jährige Petra wortlos der Erzieherin im Kindergarten ihre Schuhe hin: Die soll sie gefälligst zuschnüren. Oder: Der 4-jährige Marc weint, wenn er im Kreisspiel nicht sofort drankommt. Dass auch andere spielen wollen, findet er gemein. Häufig entwickeln sich kindliche Fehlhaltungen subtil. So merkt die Mutter lange nicht, dass sie jeweils diensteifrig aufspringt, um Mayonnaise oder Ketchup zu holen, obwohl der Sohn keines der beiden verlangt oder sie nur kurz angeschaut hat.

Manchmal entwickeln verwöhnte Kinder auch sehr aggressive Züge, um ihre Ansprüche durchzusetzen. Sie kennen keine Grenzen, da die Eltern schließlich immer wieder nachgegeben, sich den kindlichen Wünschen unterzogen haben.

Nicht wenige Mütter hören den autoritären und fordernden Ton ihres Sohnes nicht mehr, sondern springen gleich los, wenn er sich bemerkbar macht. Viele verwöhnte Kinder verlieren den Respekt, die Achtung vor den Eltern. Eine Erzieherin in einer Vorschuleinrichtung befragte ihre Kinder, wozu man eine Mami habe. Die verblüffende Antwort von Maria lautete kurz und bündig: «Für d' Schiissi butze!» (um die Toilette zu putzen). Andere Kinder gaben zum Teil ähnliche Antworten: um Aufzuräumen, damit es nicht langweilig ist, damit die Wohnung sauber sei, das Kinderzimmer aufgeräumt sei usw. Die Kindertherapeutin Köster lässt zu Beginn einer Therapie häufig ihre kleinen PatientInnen Bilder gestalten, in denen sie die einzelnen Familienmitglieder als Tiere malen sollen. Ein Knabe malte die Mutter als Esel. Auf die Frage der Kindertherapeutin, weshalb denn gerade ein Esel, antwortete er: «Na ja, Mama macht halt alle Dinge, die sonst niemand machen will. So doof wäre ich nie.»[41]

Gesteigerter Wunsch, stets bewundert zu werden und im Mittelpunkt zu stehen; Streben nach Mittelpunktstellung (3)

Dieser Typus entsteht häufig bei Eltern, die ihr Kind zu sehr in den Mittelpunkt stellen, es übermäßig bewundern, sein Leben und seine Bedürfnisse ins Zentrum des eigenen Lebens stellen. Diese Menschen drängen sich immer in den Vordergrund, sind ehrgeizig, müssen immer besonders geachtet und ausgesucht behandelt, d. h. bevorzugt werden. Sie müssen im Mittelpunkt stehen, um einen Wert zu haben. Ist das nicht der Fall, fühlen sie sich ungerecht behandelt, ungeliebt, missverstanden.

41 Theresia Maria de Jong; Michaela Köster (2000): Ist mein Kind denn zu verwöhnt? Stuttgart: Trias Thieme, S. 46.

Egoistisches Interesse (4)

Verwöhnte Menschen zeigen durchaus Interesse, aber vornehmlich auf ihre eigene Person, ihre persönlichen Anliegen bezogen. Wenn es um sie geht, sind sie meistens aktiv, engagiert, erzählen gerne und ausführlich – sobald der Fokus der Aufmerksamkeit sich aber von ihnen abwendet, wird es für sie langweilig, uninteressant. Das Interesse für andere fehlt weitgehend.

Mangel an sozialen Fertigkeiten und Bereitschaften (5)

Bei vielen verwöhnten Menschen sind kooperative Fähigkeiten nur rudimentär ausgebildet. Sie sind sich gewohnt, zu bekommen, zu nehmen, aber kaum zu geben. Die Freuden des Schenkens sind ihnen fremd. Das Einfühlungsvermögen ist mangelhaft ausgebildet, sie sind fremd in der Logik des menschlichen Zusammenlebens.

Das permanente Auf-sich-bezogen-Sein führt dazu, Gefühle, Bedürfnisse oder Nöte von anderen kaum oder gar nicht mehr wahrzunehmen.

Innere und/oder äußere Einsamkeit; Einzelgängertum (6)

Die für andere unangenehmen Eigenschaften Verwöhnter haben häufig zur Folge, dass diese unbeliebt sind oder gar gemieden werden. Sie werden immer weniger eingeladen und da sie selber wenig Fähigkeiten besitzen, soziale und gleichwertige Beziehungen zu pflegen, steigt die Gefahr der Vereinsamung. Einzelne entwickeln sich zu sonderbaren Einzelgängern.

Andere Verwöhnte leben zwar in einem minimalen sozialen Netzwerk, fühlen sich aber von den Mitmenschen entfremdet: Sie spüren unbewusst ihr Anderssein, vermögen es aber nicht zu ändern.

Mühe, Verantwortung zu übernehmen (7)

Eine häufige Folge von Verwöhnung ist die Unfähigkeit, für sich und sein Handeln, sein Leben die Verantwortung zu übernehmen. Besonders häufig trifft das auf das verwöhnte jüngste Kind in der Geschwisterreihe zu. Da solchen Menschen die Verantwortung meistens als Kinder und Jugendliche abgenommen wurde, bleiben sie auch später in vielen Fällen oder Gebieten diesem unbewussten Denken und Verhalten verhaftet: sie vergessen regelmäßig Vereinbarungen, Aufträge, Abmachungen, kommen immer wieder zu spät und geben dann häufig «den besonderen Umständen» die Schuld, hinterlassen unaufgeräumte Küchen und Zimmer, lassen die frisch gewaschene Wäsche immer wieder über lange Zeit in der Trommel liegen, sind chronisch unzuverlässig, entschuldigen sich aber für ihre Versäumnisse kaum. Geht etwas schief, sind immer die anderen, die Umstände schuld. Solche Menschen beherrschen es gelegentlich auch meisterhaft, Aufgaben und Verantwortlichkeiten an PartnerInnen, KollegInnen, Ämter oder Dienstleistungsunternehmen zu delegieren. Sie tun dies nicht aus Bösartigkeit, sondern sind von der Angemessenheit, der Richtigkeit ihres Denkens und Handelns überzeugt, da sie in ihrer Kindheit nichts anderes kennen gelernt haben und immer noch in dieser Märchenwelt verhaftet sind.

Vorwurfstendenzen an die Umgebung (8)

Da die Welt sich meistens nicht nach den Wünschen des Verwöhnten richtet, wird mit offenen oder diskreteren Vorwurfsäußerungen an die Umgebung reagiert. Subtilere Formen äußern sich manchmal ausschließlich in der Mimik (permanente Unzufriedenheit, Beleidigtsein, Groll und Schmollen), offenkundigere Varianten sind zusätzlich in Vorwürfen, Angriffen, Beleidigungen, ewigen Beanstandungen, immer neuen Forderungen und Nörgeleien zu finden.

Konsumhaltung/Konsumorientierung (9)

Die konsumierende Grundeinstellung ist ein besonders auffälliges Charakteristikum der Verwöhnung. Typisch ist dabei nicht die Auseinandersetzung und Vertiefung mit einer Sache, einem Gegenstand, der Einsatz dafür, sondern das Haben, das (meistens) kurze Benutzen (vgl. dazu auch Kap. 3 und Kap. 4.2).

Sabotagetendenzen (10)

In speziellen Fällen neigen Verwöhnte gelegentlich auch zur Sabotage: Wenn ihr Minderwertigkeitsgefühl durch aufgepeitschte Eifersucht verstärkt und die Distanz zu den anderen vergrößert wird, bleibt Sabotage – oder Entwertung – die letzte Ausflucht. Kindergartenkinder stören immer wieder ihre KollegInnen, verstecken ihnen die Schuhe, die Kleider, zerschneiden schöne Zeichnungen der Konkurrentinnen oder äußern lautstark, die Zeichnung von Y. sei hässlich. Manchmal beschuldigen sie sogar ungeniert die Opfer dieser Taten.

Sich vermehrt/immer von anderen abhängig fühlen (11)

Eine häufige Folge, da ohne die immer hilfreiche, eingreifende, lenkende, ordnende, Schwierigkeiten und Anforderungen beseitigende Hand der Eltern mit zunehmendem Alter weniger möglich wird. Sich von stark verwöhnenden Eltern abhängig fühlende Menschen suchen unbewusst meistens wieder ähnlich strukturierte Freunde oder PartnerInnen, da sie glauben, sonst nicht überleben zu können. Hier zeigt sich besonders deutlich, wie Verwöhnung ein Zu-kurz-Kommen, eine Sabotage der normalen Persönlichkeitsentwicklung bewirken kann. Dieses Abhängigkeitsgefühl kann u. U. unerträglich sein.

Fehlendes Zutrauen in eigene Fähigkeiten (12)

Das verwöhnte Kind glaubt wenig an eigene Kräfte und Fähigkeiten. Dieser Typus ist vor allem häufig bei Menschen, die als Kind vor vielen Gefahren gewarnt, vor Anforderungen geschont wurden. Der verwöhnte Mensch traut sich wenig zu, er unterschätzt seine Potenziale und Entwicklungschancen. Dadurch wird sein Selbständigkeitsradius im Leben massiv eingeschränkt, viele Möglichkeiten des Lebens werden gar nicht in Erwägung gezogen. Die Folgen sind Unzufriedenheit und ein starkes Minderwertigkeitsgefühl.

Das geringe Selbstvertrauen in sich selber führt u. U. sogar zur Angst davor, groß zu werden. So wird ein natürliches Streben des Kindes unterdrückt, seine Psyche infantilisiert. Der Mangel an Lebensmut und die Tendenz, Entscheidungen auszuweichen, abzuschieben, sind weitere Defizite gegenüber dem Normalzustand.

Verwöhnten Menschen fehlt teilweise auch das Gefühl der Selbstwirksamkeit: Die Überzeugung, auf ihr Leben einen aktiven Einfluss nehmen zu können, zumindest einen Teil davon kontrollieren und bestimmen zu können.[42] Dieses Element ist für die Konstituierung eines gesunden Selbstwertgefühls von größter Bedeutung; der Mangel ein prädisponierender Faktor für spätere Depressionen.

Mangelnde Ausdauer, schnelles Resignieren (13)

Verwöhnte Menschen geben bei nicht sofort erkennbarem Erfolg rasch auf. Sie haben wenig Geduld mit sich und den anderen, ein verhängnisvolles Schwarz-Weiß-Denken, ein Entweder-Oder beherrscht sie: Es muss sofort gehen – oder eben gar nicht. Ihr Durchhaltevermögen ist gering. Ein Teufelskreis, denn so werden eigene Kräfte kaum entwickelt, die Abhängigkeit von anderen wird stärker, der Abstand zu den Kompetenzen der Mitmenschen immer größer, der Mut verkleinert, das Minderwertigkeitsgefühl vergrößert.

Es gibt allerdings auch verwöhnte Menschen, die in einem Teilgebiet durchaus Ausdauer zeigen, z. B. bei einer Lieblingsbeschäftigung.

Bei Misserfolgen schnelle Schuldzuweisung an andere; Beschimpfen anderer (14)

Da Verwöhnte wenig Erfolge eigener Bemühungen ernten können, peitscht jedes Misserfolgserlebnis das schon vorhandene Minderwertigkeitsgefühl in immer unerträglichere Höhen. Der rascheste und meistens einzige Ausweg für derartig gedemütigte Menschen ist die Projektion der Schuld auf andere. Damit rettet der psychisch zutiefst geschwächte Mensch sein letztes Stück Selbstwert, verliert aber dadurch gleichzeitig an Beliebtheit bei den anderen. Wer immer andere für sein Tun verantwortlich machen muss, wird mit der Zeit abgelehnt und zunehmend gemieden (vgl. auch Punkt 6.)

---

42 vgl. dazu z. B. August Flammer (1990): Erfahrung der eigenen Wirksamkeit. Bern: Huber.

(Zu) wenig eigener Einsatz (15)

Verwöhnte Menschen zeigen in einzelnen – oder im unglücklichsten Fall in mehreren oder gar allen – Lebensbereichen wie Lernen, Beruf, Liebe, Freundschaften zu wenig eigenen Einsatz.

Beispiel Lernen: Ein kurzer flüchtiger Blick auf den Lernstoff reicht (leider!) fast nie zum Erfolg.

Beispiel Liebe: Verwöhnte Menschen haben zwar in den meisten Fällen die Liebe der Eltern bekommen, aber nie gelernt, Liebe auch zu geben, zu verschenken, dem anderen etwas zuliebe zu tun, ohne gleich eine Gegenleistung einzufordern. So genügt für eine befriedigende und längerfristig andauernde Liebesbeziehung ein kurzer gefühlvoller Effort nicht: Die Liebe muss individuell auf den Partner/die Partnerin bezogen und regelmäßig gepflegt werden. Wenig Einsatz oder eine Buchhaltermentalität verunmöglichen oder zerstören jede befriedigende Liebesbeziehung. Ähnliches gilt auch für den Aufbau und die Aufrechterhaltung von Freundschaften: Wenig eigener Einsatz, Egozentrismus oder ein Mangel an Einfühlungsvermögen lassen beginnende Freundschaften rasch erkalten. Andere lassen sich treiben: Manchmal nehmen sich verwöhnte Menschen fest vor, sich zu ändern: Sie wollen aktiver auf andere Leute zugehen oder die Aufgabe anpacken. Aber allein der Versuch, eine solche Haltungsänderung einzunehmen, erschöpft sie dermaßen, dass sie rasch wieder aufgeben.

Große, immer wiederkehrende Angst vor neuen Aufgaben und Anforderungen (16)

Da es verwöhnten Menschen an Übung und Ausdauer im Überwinden und Bewältigen von Aufgaben und Hindernissen mangelt, stehen sie spätestens dann, wenn sie auf sich selbst gestellt sind, hilflos und ohne den nötigen Mut bzw. die dafür unabdingbaren Kompetenzen vor neuen, unlösbar erscheinenden Aufgaben. Die Erfahrung, durch eigene Bemühungen zum Erfolg zu gelangen, fehlt durchgängig, die Aufgaben erscheinen unendlich groß, bedrohlich, unbewältigbar. Extreme Nervosität, Schlafstörungen und andere psychosomatische Reaktionen, z. B. schon Wochen vor dem Vortrag oder der Sitzung, sind weitere mögliche Folgen. Ist noch ein Rest von Mut vorhanden, stellen sich die Menschen trotzdem, mit psychischen und somatischen Reaktionen, der Aufgabe.

Stark entmutigte Verwöhnte neigen hingegen eher zum Ausweichen, werden immer wieder krank, verschlafen oder «vergessen» wiederholt den Termin.

Interesse und Aufmerksamkeit sprunghafter, flüchtiger (17)

Verwöhnte Menschen besitzen wenig Ausdauer, sind es gewohnt, bei auftauchenden Problemen auszuweichen oder eine helfende Person einzuspannen. Wo sie raschen und mit relativ geringem Aufwand erzielbaren, also mühelosen, Erfolg erwarten, sind sie für kürzere Zeit durchaus interessiert und aufmerksam. Machen sich erste Anzeichen eines Misserfolges bemerkbar, verlagern sie ihre Interessen und ihre Konzentration rasch auf andere Themen. Beschäftigt sich die Außenwelt nicht (mehr) mit ihnen, sinken Interesse und Aufmerksamkeit ebenso sprunghaft wie ihr Einsatz.

Wenig belastbar: Erhöhte Bereitschaft für Alkohol-, Medikamenten-, Drogenmissbrauch, Sucht (18)

Als *eine* von mehreren Ursachen von Sucht bzw. von Missbrauch toxischer Substanzen wird die Verwöhnung selten erkannt. Das ist erstaunlich, sind doch verwöhnte Menschen dafür besonders empfänglich und gefährdet. Die Versuchung, unangenehme, quälende Gefühle, unbewältigbare (oder häufiger *unbewältigbar erscheinende*) Anforderungen und Aufgaben kurz und rasch zumindest für eine bestimmte Zeit wegschieben zu können, ist für verwöhnte Menschen besonders groß: Mit geringster Anstrengung können unangenehme Gefühlszustände unterdrückt und angenehme hervorgerufen werden. Der Süchtige fühlt sich nun momentan stark, überlegen, locker (vgl. dazu auch Kap. 3/Gesundheit, Sucht, Medizin und Psychiatrie).

Da dem verwöhnten Menschen andere, aktivere Bewältigungsmechanismen fehlen und seine wenigen Bemühungen kaum mit Erfolg enden, verstärkt sich die Missbrauchs- und Suchtspirale. Wenn der kurze und angenehme Traumzustand wieder verflogen ist, taucht die verdrängte Realität, woran ja der verwöhnte Mensch leidet, unerbittlich wieder auf. Der Wunsch nach einem möglichst raschen Wiedereintauchen in weniger quälende Gefühlszustände wird so immer dringender, der Griff nach der nächsten Tablette oder Flasche noch schneller.

Der süchtige Mensch hat es letztlich aufgegeben, mit den Mitteln der Realität, mit seinen eigenen Kräften sowie mit der Hilfe anderer die vor ihm stehenden Aufgaben und Probleme anzupacken. Alkohol, Medikamente oder Drogen sind seine verzweifelte, entmutigte und letztlich sinnlose, da selbstzerstörerische Antwort, und er verliert am Schluss fast jegliche Kontrolle über sich. Massiver Missbrauch von toxischen Substanzen ist auch ein Ausdruck sozialer Distanz zu den anderen Menschen.

Verringerte, stark alters- und entwicklungsabweichende Fähigkeit, Bedürfnisse aufzuschieben (19)

Das Typische ist hier die große Abweichung vom Altersdurchschnitt: Auch verwöhnte Erwachsene zeigen diesbezüglich stark infantile Züge. Sie müssen alles sofort haben, können kaum warten.

Wechsel/Kombination von Minderwertigkeitsgefühl und Selbstüberschätzung (20)

Hier lassen sich verschiedene Varianten beobachten. Führt der Aufprall auf die harte Realität zwangsläufig zu Minderwertigkeitsgefühlen, kann derselbe Mensch kurze Zeit später wieder in völliger Selbstüberschätzung schwelgen: Besonders wenn ihm ein – auch nur kleiner – Erfolg gelungen ist. Die Selbstüberschätzung stammt aus dem Treibhausklima seiner Kindheit, das Minderwertigkeitsgefühl zur Hauptsache aus der Konfrontation mit seinem heutigen Unvermögen, zum kleineren Teil auch schon aus der Erfahrung des Nichtkönnens und der Abhängigkeit in der Kindheit. Eine besondere Tragik der Verwöhnung liegt auch darin, dass sich verwöhnte Menschen noch ungleich weniger als «normale» einigermaßen objektiv einschätzen können: Ihre Maßstäbe sind nicht von dieser Welt, mit anderen Längeneinheiten versehen und inkompatibel mit den in der realen Welt gebräuchlichen.

Groll gegenüber der Welt: Man fühlt sich unverstanden, verkannt, nicht richtig behandelt (21)

Verwöhnte Menschen, die als Kinder bewundert und bevorzugt und denen alle Aufgaben abgenommen wurden, haben es später besonders schwer, eine ähnlich strukturierte Welt zu finden oder aufzubauen. Sie spüren, dass die Welt nicht auf sie gewartet hat und sie wie Normalsterbliche behandelt und dass sie gefordert werden. Das löst verständlicherweise bei Menschen, die über Jahre in einer entgegengesetzten Mentalität gelebt haben, tiefe Unmutsgefühle aus. Als «Lösung» treten auch hier projektive Mechanismen auf: Das verunsicherte Selbst sucht die Gründe der Misere außerhalb, d. h. die Außenwelt versteht sie nicht, erfasst ihre Einzigartigkeit nicht richtig usw. Damit findet kein befriedigender Austausch mit der Umgebung statt – Unzufriedenheit ist die logische Folge.

Vermehrte kompensatorische Flucht in Tagträume, in denen sie Helden, Bewunderte, Machtausübende sind (22)

Die in regelmäßiger Kadenz unausweichliche Konfrontation mit der ungeschminkten Realität lässt Verwöhnte in einem permanenten Gefühl der Ernüchterung stehen. Die unüberbrückbare Kluft zwischen den Anforderungen und schmerzliche Misserfolge bescherender Realität einerseits und dem geringen Können andererseits lassen Minderwertigkeitsgefühle nie zur Ruhe kommen. Die Flucht aus dieser unerträglichen Wirklichkeit kann über verschiedene Wege stattfinden: Medikamente, Drogen, Alkohol oder eben mit Tagträumen, häufig verbunden auch mit entsprechenden Träumen in der Nacht. Hier wird nun kompensatorisch als Gegengewicht zum allgegenwärtigen Minderwertigkeitsgefühl das ausgelebt, was im grauen Alltag nicht möglich erscheint. Im Traum ist der vorher passive, unsichere Jugendliche nun der mutige und äußerst erfolgreiche «Frauenaufreißer», der heiß begehrt wird. Im Traum kann die in der Realität kaum auf einen grünen Zweig kommende Schülerin als bewunderte Top-Sängerin oder als hochbezahltes und umjubeltes Model brillieren. Einsame Außenseiter mutieren zu gefürchteten und mächtigen Feldherren einer unschlagbaren Armee.

In extremen Fällen: Passivität, Lebensuntüchtigkeit (23)

Wenn überaktive, überbesorgte Eltern pausenlos für das Kind alles tun, es vor allem bewahren, ihm kaum etwas zutrauen und nichts erwarten, kann ein verwöhnter Mensch in eine permanente Passivität, Lethargie, Müdigkeit verfallen. Alles wird ihm zu viel, zu aufwändig, mühsam, langweilig, keiner Anstrengung wert. In ganz extremen Fällen wird die Lebensuntüchtigkeit so massiv, dass der Lebens- und Aktivitätsradius dieser Menschen sich fast ausschließlich nur noch auf die eigene Wohnung, das eigene Zimmer bezieht. Die Titelfigur im berühmten Roman von Gontscharow *Oblomow*[43], liefert ein eindrückliches Beispiel. Beim Verlust ihrer Betreuungspersonen brechen solche Menschen häufig psychisch zusammen oder haben schon vorher einen Lebensstil entwickelt, der auf eine geistige Beschränktheit schließen ließe, wenn man nicht die dahinter verborgene Verwöhnung in Rechnung stellt.

Bei vielen geistig behinderten Menschen lassen sich häufig die realen Anteile als Folge der Behinderung und die sekundären Folgen als Folge verwöhnenden, entmündigenden Verhaltens durch gut meinende BetreuerInnen oder Eltern schwer auseinander halten. In einigen Heimen geistig Behinderter ist die sekundäre Schädigung dieser Menschen durch gut gemeintes verwöhnendes Verhalten manchmal fast ebenso groß wie der eigentlich organisch bedingte Anteil.

4.2 Auswirkungen in verschiedenen Bereichen

Zu den Beispielen finden sich in Klammern die entsprechenden im Kapitel 4.1 dargestellten Auswirkungen. Es wird ersichtlich, wie in den meisten Fällen vielfache und individuelle Kombinationen auftreten.

43 Iwan Gontscharow (1981): Oblomow. Frankfurt: Insel.

Frühe Kindheit und Vorschule

Eine Erzieherin erzählte mir in einem Kurs zum Thema *Verwöhnte Kinder im Kindergarten,* sie habe seit drei Wochen ein neues Kind, das zwar selbständig auf die Toilette gehe, aber dann laut und fordernd rufe: «Bini fertig! Füdli butze!!» («Ich bin fertig! Hintern putzen!!») Im Gespräch mit der Mutter gab diese schließlich beschämt zu, sie würde das zu Hause eben für ihr Kind tun. (2/11/12/15)

Die Mühe vieler Eltern, dem Kind freundlich und angemessen Grenzen zu setzen (vgl. Kap. 2) lässt Kinder grenzenlos und schwierig werden: Immer mehr Kinder gehen auf ihre Eltern los, beschimpfen und traktieren sie. Ein Vierjähriger tobt im Einkaufszentrum, weil ihm die Eltern kein zweites Spielzeug kaufen wollen. Laut schreiend wälzt er sich auf dem Boden, weint herzzerreißend, brüllt laut «Ich will es doch! Ich will es doch! Will es!» bis er blau anläuft. Keine leichte Situation für die Eltern. Andere Kinder köpfen mit einer Stange reihenweise Tulpen im öffentlichen Park, auch wenn die Mutter schon wiederholt gemahnt hat, damit aufzuhören (1/4/5/8/9/21).

In einer fünfköpfigen Familie kocht die Mutter zum Mittag mittlerweile drei verschiedene Menüs, da jedes der drei Kinder andere, «individuelle» Wünsche hat. Damit vermeidet sie – so glaubt sie – endlose Diskussionen und Streitereien sowie die damit verbundene «schlechte Stimmung» (2/4/9/19).

Im Gartenrestaurant am See lässt sich beobachten, wie der fünfjährige Marco plötzlich zu zetern beginnt, weil die Fischstäbchen nicht genau so aussehen und schmecken wie zu Hause. Er schreit «gruusig!», kippt seinen Teller vom Tisch, ebenso die Weingläser seiner Eltern, schmeißt dann wütend das Besteck der Familie in weitem Bogen auf den Kiesboden und rennt plärrend zu den Schwänen, die erschrocken wegfliegen (1/4/5/9/10).

Bei vielen verwöhnten Kindern zeigen sich im Kindergarten und in der Schule auch Defizite in der Wahrnehmung und im Denken. Bei einer Aufgabe schauen sie gar nicht richtig hin und rufen gleich die Erzieherin herbei: «Wie geht das? Ich komme nicht draus!» Oder sie resignieren stumm. Auch auf Exkursionen entgeht solchen Kindern vieles, weil sie nicht genau hinschauen. Vom Kindergarten erzählen mir Erzieherinnen, dass verwöhnte Kinder häufig bei Fragen oder Aufgaben kaum denken, sondern vielmehr die Antwort, die Lösung von ihr erwarten. Damit ist die Lernfähigkeit dieser Kinder zum Teil erheblich eingeschränkt. Kein

Wunder, wenn man sich vor Augen hält, wie Mütter fast alles für sie tun: denken, handeln, sprechen, telefonieren, organisieren, absagen, antworten, hinfahren, abholen... Damit bleibt die kindliche Eigenaktivität auf der Strecke.

Schule/Schulalter

Die meisten Jugendlichen und viele SchülerInnen zählen zu stolzen Besitzern von Handys. Die saftigen Gesprächsgebühren, zusätzlich zum Abonnement, sprengen bei eifrigem Gebrauch rasch ihr Konto. Viele Eltern übernehmen schließlich nach Diskussionen die horrenden Rechnungen. (2/7/9)

Jugendliche, aber auch viele ältere Leute, beanspruchen in Bus oder Zug häufig eine ganze Reihe oder ein Viererabteil für sich allein: Mit einer Tasche oder einer Jacke wird dieser Anspruch signalisiert. Wenn sich dann Bus oder Zug füllen, fällt es vielen nicht ein, die übermäßig beanspruchten Plätze freizugeben. Ein Jugendlicher sagte zu einer Frau, sie könne ja stehen! (4/5/8/9)

Beispiele zum Abfallverhalten von SchülerInnen habe ich im Kapitel 3 schon beschrieben. Wer für Kinder und Jugendliche alles in Ordnung bringt, für sie alles tut, organisiert, säubert usw. nimmt sie letztlich als Person nicht ernst, infantilisiert sie ungewollt.

Finanziell gut gestellte Eltern schicken ihr Kind bei Schwierigkeiten in der staatlichen heute rasch in eine private Schule. Da die Probleme aber häufig nicht – oder nicht nur – bei der Schule, der Lehrperson gelegen haben, in der Familie aber die Meinung vorherrscht, das eigene Kind sei immer im Recht bzw. das Opfer, treten identische oder ähnliche Schwierigkeiten auch in der teuren Privatschule zu Tage. Gelingt die Bewältigung der Schwierigkeiten nicht mit kostspieliger und spezifischer Einzelbetreuung, sind auch hier mehrmalige Wechsel die Folge – und die wahren Ursachen, warum der/die Schüler/in Konzentrationsprobleme, «Lernfrust», Angst oder Unsicherheiten zeigt, bleiben so unangetastet (5/7/8/9/13–15).

Verwöhnte SchülerInnen lernen so u. U., dass immer die Umstände, die anderen, Schuld sind, dass sich mit Geld (fast) alles zurechtbiegen lässt, ohne selber viel ändern zu müssen – oder im ungünstigsten Fall, dass sie selber hoffnungslose Fälle sind und schließlich begreifen sie die Beziehung zwischen eigener Anstrengung und Erfolg nur schwer.

Auch Ausflüge und Schulreisen werden für viele verwöhnte Kinder zum Problem: Nach kurzer Zeit klagen sie über zu weite und zu anstrengende Strecken, aufgeschwollene Füße, wollen wissen, ob es noch weit sei, obwohl man erst eine kurze Zeit unterwegs ist, betteln, ob man nicht den Weg abkürzen, einen Bus, das Taxi nehmen könne. Manchmal beschweren sich anderntags sogar Väter oder Mütter über die schweißtriefende, viel zu anstrengende Wanderung ihrer Sprösslinge. Da diese nicht gewohnt sind, längere Strecken zu Fuß zu gehen, ist die Klage durchaus verständlich (8/9/12/13/15).

Bei der Vorbereitung für ein Theaterstück oder das bevorstehende Schullager sind die heutigen Kinder kreativ bezüglich der Ideen und Wünsche. Wenn es dann darum geht, konkret etwas für die Umsetzung dieser Ideen *selber zu tun,* erlahmt das Interesse rapid, und die Bereitschaft dafür sinkt auf den Nullpunkt. Die Besichtigung des Technikmuseums oder der Besuch im Planetarium wäre schon «cool», aber dass die Lehrerin partout darauf besteht, dass ein/e Schüler/in mit einem kurzen Telefonanruf die Reservierung übernimmt – das ist einfach zuviel! (2/4/5/7/9/15)

Viele Lehrpersonen beklagen sich über «faule» SchülerInnen oder meinen, dieses oder jenes Kind sei eben dumm oder schwach begabt. So wird – vielfach sogar von ausgebildeten PädagogInnen – übersehen, dass sich hinter der Faulheit eine starke Verwöhnung verbergen kann, der angeblich dumme oder unbegabte Schüler durch seine verwöhnenden Eltern so entmutigt wurde, dass er im schulischen Lernen schon fast aufgegeben hat. Leider lässt man heute – im Gegensatz zu den pädagogisch optimistischeren 1970er Jahren – solche Kinder «in Ruhe», will sie «nicht plagen», d. h. man stempelt sie ungewollt ab oder wartet, bis sie wieder «drauf» sind, auf die Lehrperson zugehen, «lernbereit» sind. Ein verhängnisvoller Irrtum, der solche Kinder noch mehr in ihr Unglück treibt, da sie in der Regel allein nicht mehr diesem Gewohnheitsstrudel entkommen können. Viele so genannt dumme oder unbegabte SchülerInnen wurden so intensiv verwöhnt, dass sie völlig entmutigt, passiv und träge geworden sind. Statt sie aufzugeben, müssen sie «beatmet», animiert werden. Dazu ist aber vorgängig eine andere Sichtweise über Dummheit und mangelnde Begabung sowie Einsicht in die Mechanismen der Verwöhnung nötig. Wie soll ein völlig entmutigter Schüler von sich aus, aus sich heraus, allein, «einfach so», «wenn es für ihn wieder stimmt», plötzlich eine Lernbereitschaft, eine Lernmotivation, eine Hoffnung aufbringen? Woher soll er aus dem Nichts oder genauer aus einer durch jahrelange Verwöhnung geschwächten Persönlichkeit diese Kraft herbeizaubern? Dazu braucht es zuerst von außen eine Person, die ihm eine neue Perspektive aufzeigen, Mut einflößen und auch ihn fordern kann. Den Schritt aus der Verwöhnung muss der Schüler natürlich selber tun (vgl. dazu besonders auch Kap. 8).

Ich habe während meines Studiums mehrere Jahre teilzeitlich an einer teuren Privatschule Nachhilfeunterricht erteilt. Viele SchülerInnen wurden wegen Lernschwierigkeiten und stofflicher Rückstände zu mir geschickt. Bei einigen verwöhnten SchülerInnen stellte sich Folgendes heraus: Die familiär praktizierte Verwöhnung und die skeptische Einstellung der Eltern gegenüber den Lehrpersonen führten dazu, dass die SchülerInnnen im Unterricht nicht mehr aufpassten, sich wenig beteiligten und so mit der Zeit nicht mehr mitkamen. Der Zusatzunterricht in der Privatschule verstärkte nun diese Tendenz: Da einem dort in einer angenehmen Kleingruppe sowieso nochmals alles perfekt aufbereitet vorgelegt wurde, bestand wenig bis keine Notwendigkeit, im Klassenverband mitzutun (7–9/12–15/21).

Ein anderes Beispiel ist mir ebenfalls gut in Erinnerung geblieben: So ließ eine Mutter ihre Fünftklässlerin nicht alleine mit Bus und Straßenbahn in die Nachhilfestunde gehen, und zwar nicht nur beim ersten Mal (das wäre vernünftig), sondern jedes Mal, über Wochen. Im Gespräch meinte die Mutter, das Mädchen kenne sich in der Stadt nicht aus und würde ganz sicher in die falsche Straßenbahn steigen oder in die falsche Richtung fahren. Allein schon der Gedanke daran treibe sie zu schlaflosen Nächten! Die Idee, der Tochter beizubringen, wie man in einer solchen Situation – wenn sie tatsächlich eintreten sollte! – reagieren könnte (den Schaffner/die Schaffnerin oder einen Fahrgast fragen, die nächste Telefonzelle suchen und in die Nachhilfe telefonieren), verwarf die Mutter vehement. Die Tochter wisse nicht, wie man aus einer Telefonzelle telefonieren könne, sie sei zu schüchtern, fremde Leute zu fragen, lauteten einige ihrer Gegenargumente. Erst nach langem geduldigen und schrittweisen Vorgehen gelang es, die Mutter etwas mutiger zu stimmen: In einem ersten Schritt erklärte sie der Tochter den Weg (Straßenbahn-Nummer, Richtung, Ausstiegsstation) und fuhr zuerst noch einmal mit. Der zweite Schritt führte schon zum Erfolg: Der Weg ohne die Mutter. Die Tochter strahlte über das ganze Gesicht und freute sich jedenfalls schneller und spontaner über das erfolgreiche selbständige Kommen als die noch länger skeptisch bleibende Mutter (5/7/9/11–13/15/18).

Fortführende Ausbildungsstätten

Feinere Auswirkungen zeigen sich etwa, wenn gut meinende Mütter bei der Spitalleitung um eine Praktikumsstelle für ihre Töchter nachfragen (!) und entschuldigend meinen, ihr Kind habe es zur Zeit in der Schule so streng oder sei eben nicht gewohnt, solche Dinge zu erledigen. Ähnliches geschieht mit der Arrangierung oder Verschiebung von Zahnarzt- und anderen Terminen. Es überrascht nach dem bisher Gesagten wenig, wenn die Shell-Studie von 1992[44] zum Ergebnis kommt, dass in der Bundesrepublik Deutschland zwischen 40 und 50 % der zu Hause wohnenden 18- bis 24-Jährigen ihr Zimmer nicht selbst aufräumen – im Klartext: Die Mutter tut das. Es geht mir in allen Beispielen auf gar keinen Fall um eine Anklage der Eltern – diese handeln mit besten Absichten –, sondern um das Aufzeigen der Folgen blinder Flecken im eigenen Erziehungsverhalten (5/7/9/11-13/15/18).

Berufsleben

Mangelnde Ausdauer, geringe Frustrationstoleranz und geringe Identifikation mit der Arbeit sind häufige Folgen einer verwöhnenden Erziehung. Ein tragisches Beispiel dafür finden Sie im Kapitel 5 unter dem Abschnitt *Sehr wohlhabende Eltern.*

Ein ähnlicher Fall soll hier kurz beschrieben werden: Frau B. erlebte in ihrer Kindheit einen Modus überängstlicher, überbesorgter Verwöhnung, gepaart mit einer relativ autoritären und bezwingenden Haltung. Die drei jüngeren Brüder profitierten von einer etwas gelasseneren Erziehung als bei der mit großem Abstand Erstgeborenen. Auffallendere Schwierigkeiten traten bei Frau B. nach dem Auszug aus dem Elternhaus auf. Im Laufe der nächsten 30 Jahre wechselte sie unzählige Male die Stelle, manchmal schon nach wenigen Wochen. Die längste Zeit, zwei Jahre, blieb sie dort, wo sie als einzige Mitarbeiterin ihres Chefs eine besondere Stellung einnahm und von ihm mit diversen Begünstigungen gut gestimmt wurde. Der Chef war etwas in sie verliebt, ohne dass es zu näheren Kontakten kam. Hier, und nur hier, in einer ungefährdeten,

44 Rosmarie Nave-Herz (1994): Familie heute. Darmstadt: Wissenschaftliche Buchgesellschaft.

privilegierten Mittelpunktstellung, gefiel es ihr – das sollte aber die einzige Stelle bleiben, die sie je mit positiven Worten beschrieb. Nach zwei Jahren starb der schon ältere Chef und die Kleinfirma wurde liquidiert. Nach kurzer Zeit geriet Frau B. bei allen weiteren Stellen mit MitarbeiterInnen in einen stillen, bald darauf dann offenen Kampf. Nun gibt es tatsächlich langweilige Arbeit, schwierige Angestellte und parteiische oder unfähige Vorgesetzte. Bei Frau B. trat das aber durchgehend auf: *Alle* Chefs – mit der oben genannten Ausnahme – waren unfähig, karrieregeil, arrogant, faul, geistig beschränkt, Idioten, Trottel; Ähnliches galt für die meisten ihrer KollegInnen. Damit schuf sich Frau B. natürlich auch bei der Arbeit kaum Freunde. Sie vereinsamte, da die wenigen Bekannten und Freunde mit der Zeit keine Lust mehr verspürten, ihre in epischer Länge und Breite vorgetragenen Schimpftiraden über die Firmen und ihre MitarbeiterInnen abzuhören. Dieser Rückzug wurde durch die ausgeprägt egozentrische Art und Weise von Frau B. verstärkt: Interesse an anderen vermochte sie kaum aufzubringen. Als dann noch Vater und Mutter kurz hintereinander starben, verlor sie noch ihre letzten näheren Kontaktpersonen. Sie geriet rasch in die Drogen und war nach kurzer Zeit schwer heroinabhängig (3–8/13–15/18/21).

Für viele Verwöhnte charakteristisch ist die große Kluft zwischen exotischen Wünschen, hochfliegenden Vorsätzen, beruflichen Plänen, Versprechungen und dem geringen Einsatz. Die erträumten Fantasien werden zwar manchmal über längere Zeitperioden weitergesponnen, aber nie realisiert. Schuld daran sind immer exogene Faktoren: Ungünstige Umstände, zu wenig Geld, die Konjunktur, falsche Zusagen anderer usw. Die eigene Person als Ursache wird immer ausgeblendet: «Ich möchte schon, wenn nur nicht …, dann würde es klappen» oder «ja, aber …» sind die häufigen «Erklärungen», Ausreden, Entschuldigungen.

Eine Kollegin übernahm für ein Quartal eine gut bezahlte Vertretung in einer pädagogischen Ausbildungsstätte für einen beurlaubten Lehrer. Am Telefon äußerte sie als erstes und wichtigstes Ziel die Hoffnung, für die Vorbereitung der Stunden nur einen minimalen Aufwand und wenig Zeit einsetzen zu müssen. Sie wollte diese Lehrtätigkeit nur so nebenbei, «en passent», erledigen (4/9/15).

Freundschaft, Partnerschaft/Liebe

Frau H. kam zu mir in die Beratung wegen Eheschwierigkeiten. Sie beklagte sich über ihren Mann, der immer passiver werde, alles ihr überlasse, im Gespräch unzugänglich und reserviert bleibe. Auch nach der Klärung und Bearbeitung ihrer Anteile hielt das Verhalten des Mannes an. Nach zwei Versuchen gelang es mir schließlich, ihn für ein Gespräch mit mir zu gewinnen: Ich wollte auch seine Sicht der Dinge kennen.

Herr H. kam, ein netter, freundlicher Mann, der sich über seine Ehe zufrieden zeigte und nicht verstand, was seine Frau wollte. Auf die Kritikpunkte seiner Frau wollte er nicht eingehen, er schob alles weit von sich. Schließlich gab die Frau die Hoffnung auf und drohte mit der Scheidung. Er überhörte auch dieses Signal. Als ich ihn deutlich darauf aufmerksam machte, dass es seine Frau wirklich ernst meine, wehrte er schmunzelnd ab: Das sei doch von ihr nicht so gemeint, ich würde eben seine Frau nicht kennen, Frauen seien eben manchmal etwas emotional und hysterisch und überhaupt...

Tatsächlich trennte sich Frau H. von ihrem Mann und forderte ihn auf, aus der gemeinsamen Wohnung auszuziehen. Eindrücklich das weitere Zusammenspiel der beiden: Frau H. suchte ihm eine passende Wohnung, richtete sie ihm ein, installierte sogar die Beleuchtung, ordnete seine Bankgeschäfte.

In einem späteren Gespräch beklagte sich Frau H. dann bei mir, dass ihr Ex-Mann einmal wöchentlich die schmutzige Wäsche in einem Sportsack wortlos vorbeibringe und sie ohne ein Dankeschön nach einer Woche wieder gewaschen und gebügelt nach Hause mitnehme. Frau H. verwöhnte ihren Mann sogar noch über die gemeinsame Ehezeit hinaus, allerdings mit schlechten Gefühlen.

Herr H. hatte als Kind nie gelernt, Verantwortung für sich und sein Tun zu übernehmen. Er wurde von seiner Mutter bevorzugt und stark – außer bezüglich der Schule und des Berufes – verwöhnt und heiratete schließlich unbewusst eine ihn weiter verwöhnende Frau. Der Übergang von der verwöhnenden Mutter zur verwöhnenden Ehefrau verlief nahtlos. Das funktionierte über viele Jahre, bis die Frau begann sich weiterzuentwickeln und ihre Beziehung auf eine neue Grundlage stellen wollte. Hier konnte und wollte Herr H. nicht mehr mithalten (4/5/7/9/13/15).

Freizeit und Konsum

Im Freizeitverhalten zeigen sich die Folgen unangemessener Verwöhnung besonders deutlich. Die extreme Anspruchshaltung ist grenzenlos: Ein eigener Fernseher, ein Video-Gerät, ein Computer, zwei Alu-Mountainbikes und und und. Wenn die Mutter für den Sohn neue Jeans kauft, darf es nur eine bestimmte Marke für über 100 Mark sein und das Sweatshirt muss die Aufschrift «Adidas» oder «Champion» tragen. Damit der Sohn oder die Tochter nicht ausgeschlossen wird, arbeiten opferwillige Eltern manchmal noch zusätzlich, machen Überstunden oder verzichten weitgehend auf die Erfüllung eigener Wünsche. Laut einer Umfrage der *Sonntagszeitung* vom 3. April 1994 an 25 Schweizer Gymnasien, Sekundar- und Realschulen besitzen 42 % einen eigenen Fernseher und jede/r Dritte ein eigenes Video-Gerät. Einmal in Gang gesetzt, dreht sich die Anspruchsspirale immer schneller: Von den Markenturnschuhen über den trendigen Rucksack, die Video-Games, die exklusive Snowboard-Ausrüstung, die CDs, das neueste Handy, das Übersee-Trainingslager, die teuren Freizeitkurse.... Die verwöhnten Kinder und Jugendliche wissen genau, was sie wollen und dass sie Anspruch auf die Realisierung dieser Wünsche haben – aber ihnen fehlt weitgehend der Bezug zum Geld, zum Wert eines Konsumguts oder einer Dienstleistung; sie wissen nicht, wie lange man dafür arbeiten muss. Stehen sie später nicht in gutbezahlten Berufen, dann erkennen sie schmerzlich die Kluft zwischen der früheren Traumwelt und der nun harten Realität (4/5/7/9/15).

Den auf Konsum fixierten Menschen hat Fromm als «Haben-Typ» charakterisiert.[45] Er ist ganz auf extrinsische Belohnungen ausgerichtet und muss sich – im übertragenen Sinn – alles «einverleiben». Sein Haben-wollen ist ein Ausdruck von Ich-Schwäche und Unsicherheit. Geld und Statussymbole werden so allmählich, schleichend, zum Ersatz für andere, eben häufig mit Einsatz und Anstrengung verbundene Erfolgserlebnisse. Durch die Gewöhnung an spontanes Kaufen und sofortige Bedürfnisbefriedigung können sich die Fähigkeiten zur psychischen Selbstregulierung sowie zur Verarbeitung von Enttäuschungen nicht entwickeln. Die zwangsläufigen Folgen sind Unzufriedenheit, Groll, Demo-

45 Erich Fromm (1979): Haben oder Sein. Die seelischen Grundlagen einer neuen Gesellschaft. München: dtv.

tivierung. Auch das Warten, das Sparen, die Vorfreude auf ein in absehbarer Zeit anzuschaffendes Produkt oder eine mit eigenem Arbeitseinsatz verdiente Reise bleiben unbekannte Erfahrungen.

Der Konsum wirkt insbesondere auch in dem Maße destruktiv, als er eigene Produktivität, Anstrengung, Korrektur, Regeneration und Zeit überflüssig zu machen scheint.

Gesellschaft, Öffentlichkeit und Umwelt

Abfallsammelstellen sind interessante Beobachtungsobjekte: Die gleichen, häufig älteren Semester, die sich lauthals über unverschämte Jugendliche beklagen, hinterlegen ungeniert ihren Abfall vor Sammelstellen. Andere Zeitgenossen deponieren im Wald ganze Sitzgruppen, Fernsehgeräte, Bettgestelle usw. (2/4/5/7/9).

Auch die Politik subventioniert und belohnt umweltschädliches Verhalten in Milliardenhöhe: steuerfreier Treibstoff für Flugzeuge, keine Besteuerung von Abgasen oder Lärmemissionen bei Autos, Flugzeugen oder Fabriken: Die Natur zahlt. Versicherungen von Atomkraftwerken decken nur zu einem geringen Teil größere Schäden ab; weitere Risiken werden an die Steuerzahler überwälzt. Kurz: Umweltschädliches Verhalten wird massiv belohnt.[46] Ein weltumspannender Wahnsinn. Bei ökologisch schwerwiegenden Katastrophen und Unfällen werden, wenn überhaupt, höchstens die kleinen Fische, z. B. der angetrunkene Kapitän eines mit Öl beladenen Schrotttankers, gebüßt. Hauptverantwortlich sind Staaten, die solche Schiffe überhaupt zulassen, kaum kontrollieren, Vergehen nicht ahnden und Firmen, die rücksichtslos nur ein Ziel kennen: den maximalen Profit. Jegliches Verantwortungsgefühl hat auch dem Kapitän und einigen Besatzungsmitgliedern eines griechischen Fährschiffs gefehlt, das auf einen Fels aufgelaufen ist, weil die Führungscrew gerade im Fernsehen ein Fußballmatch anschaute: Dutzende von Toten waren die traurige Folge. Die heutige weltweite ökologische Misere ist zu einem Teil – natürlich nicht nur, es existieren noch viele weitere Gründe! – auch eine Folge von Verwöhnung, da niemand für sein Verhalten die Verantwortung übernehmen muss. Den angerichteten Schaden trägt die Allgemeinheit. (2/4/5/7/9/15).

46 vgl. dazu das vorzügliche Buch von Urs P. Gasche u. a. (1997): Das Geschwätz von der freien Marktwirtschaft. Wien: Überreuter.

Gesundheit

Meldungen zum Gesundheitszustand der heutigen Kinder und Jugendlichen sind bemerkenswert und lassen aufhorchen. So berichtet die *Neue Zürcher Zeitung* (NZZ) vom 14. Juni 2000, dass Übergewicht bei Schweizer Kindern ähnlich häufig geworden ist wie in den USA. Zu diesem Schluss kommt eine Studie der ETH Zürich, bei der knapp 600 SchülerInnen im Alter von 6 bis 12 Jahren untersucht wurden. Zwischen einem Fünftel und gut einem Drittel aller untersuchten Kinder ist übergewichtig. Adipositas, d. h. schweres Übergewicht, dokumentieren die Wissenschaftler bei 10 bis 16 % der Untersuchten. Die Gründe sind vielfältig und bekannt: zu fett- und kalorienreiche Nahrung, zuckerhaltige Süßgetränke, Bewegungsarmut. Zwischen Verwöhnung und falscher Ernährung besteht häufig ein Zusammenhang: Kinder werden mit (zu vielen) Süßigkeiten belohnt, geködert, ruhiggestellt (9/13/15).

Die Wirkung auf die Persönlichkeit

Ich habe in den obigen Auswirkungen die vielfältigen Folgen von Verwöhnung auf das Fühlen, Denken und Verhalten dieser Menschen ausführlicher beschrieben. Hier soll nun nochmals eine kurze Zusammenfassung folgen.

Letztlich könnte man die Folgen der Verwöhnung auf die Formel bringen: *Verwöhnen heißt für das Leben entmutigen und untauglich machen. Die Verwöhnung schwächt die gesamte Persönlichkeit des Kindes.* Sie untergräbt die normale Persönlichkeitsentwicklung, lässt bei ausgeprägten Fällen psychisch «schwer beeinträchtigte», «halbierte», Menschen entstehen, die unglücklich, unzufrieden und in ihrem Sozialverhalten meistens unterentwickelt sind. Verwöhnung begrenzt das Leben, die Lebensmöglichkeiten, schließt ihre «Opfer» vom wirklichen Leben aus; der verwöhnte Mensch sieht nur einen kleinen Teil der Welt. Verwöhnung führt zudem zur übertriebenen Selbstverwöhnung.

Ich möchte nochmals betonen: Selbstverständlich sind einige der beschriebenen Folgen nicht nur der Verwöhnung zuzuschreiben, sondern entstehen auch in anderen Zusammenhängen (z. B. bei einer autoritären, harten und lieblosen Erziehung), sie treten aber gehäuft – vor allem kombiniert – bei der Verwöhnung auf.

Durch eine verwöhnende Erziehung werden Kinder um entwicklungspsychologisch wichtigste Lebenserfahrungen gebracht wie:

- selber etwas erreicht und gelernt zu haben (das Gefühl der Selbstwirksamkeit)
- durch Einsatz etwas zu erreichen (selbst erreichter Erfolg)
- Freude am sozialen Beitragen und am darauf erfolgten Echo zu erleben; Mithelfen zu können
- Probleme und bisher unerreichbar Geglaubtes überwunden und Neues erlernt zu haben usw.

Solche Erlebnisse stärken das Kind in seinem Selbstwertgefühl, und dieses gilt zu Recht in der Entwicklungspsychologie als eine der kostbarsten Errungenschaften der Kindheit. Selbstbewusste (nicht egoistische oder aufopfernde) Kinder, die ein Gefühl der Selbstwirksamkeit[47] und Einsatzbereitschaft entwickelt haben, sind später weniger anfällig für problematische religiöse und politisch radikale Gruppierungen und Ideologien, die eine billige, abgeleitete Identität auf Kosten der persönlichen Autonomie anbieten.

Verwöhnung verhindert zudem häufig:

- die Fähigkeit zur Auseinandersetzung
- Kraft und Ausdauer
- ein realistisches Selbst- und Weltbild
- Toleranz und Rücksichtnahme
- soziale Kompetenz
- Mut und Zuversicht
- Leistungsbereitschaft und Leistungsfähigkeit.

Verwöhnte Kinder kommen letztlich – so paradox das vielleicht klingen mag – zu kurz: So fehlt ihnen der Freiraum, um sich selbständig mit ihren Problemen zu beschäftigen und Lösungen dafür zu finden. Es fällt

---

47 vgl. Anm. 42.

ihnen schwer, in der Schule oder in der Ausbildung zurechtzukommen. Ohne sofortige Aufmerksamkeit und Anerkennung durch Lehrpersonen fühlen sie sich schlecht und missverstanden. Solche Menschen sind psychisch einseitig entwickelt.

Viele verwöhnte Menschen bleiben auch in ihrem weiteren Leben in einer Zuschauerhaltung verhaftet: Sie warten, bis «sich» etwas verändert. Ihre Zuschauerrolle lässt sie in einer lähmenden Passivität zurück. Das folgende Beispiel einer heute 17-jährigen jungen Frau veranschaulicht das. Corinne wohnt mit ihren Eltern und dem älteren Bruder in einer großen Wohnung. Als Kind wurde sie in der Verwandtschaft stets als das süße, perfekte Töchterchen präsentiert. Ihre Eltern taten alles für sie, während der Bruder sich gut selber beschäftigen und behaupten konnte. Sie wurde überhäuft mit Spielsachen. Bezüglich Essen war sie äußerst wählerisch; bei Mahlzeiten außer Hause packten ihre Eltern immer exquisite Leckerein für sie ein. Sie war nicht gewohnt, sich zu behaupten, selber aktiv zu sein oder etwas zu riskieren. Die Schule machte ihr große Mühe, der Schulstoff war sehr anstrengend für sie, und sie war unfähig, sich in eine Gruppe zu integrieren, Freundinnen für sich zu gewinnen. Sie spielte lieber alleine und zog sich mit der Zeit immer stärker in ihre Staridol-Welt zurück. Sie wirkte auf die Umgebung sehr gelangweilt, passiv, träge und auch uninteressant. Sie kam nicht auf andere zu und wartete stets, dass man sie zum Mitspielen aufforderte. Doch selbst dann vermochte sie sich nicht ins Geschehen einzubringen, mitzutun, mitzuschwingen. Sie brach die Schule nach der 2. Oberstufenklasse mangels Interesse und Lust vorzeitig ab. Ein Jahr verbrachte sie nun zu Hause und war nicht fähig, eine Lehrstelle zu suchen oder an einem Praktikumsort länger als zwei Wochen zu bleiben. Jede Anstrengung war ihr zu viel. Sie ging nicht mehr von sich aus aus dem Haus, in die Stadt, sondern wartete zu Hause, bis man sich um sie kümmerte, ihr etwas vorschlug, sie mitnahm. Auch nach einem Jahr war sie noch nicht weiter gekommen und nicht gewillt, eine Arbeit anzunehmen. Die verzweifelten Eltern gelangten schließlich an eine Beratungsstelle, um sich Hilfe zu holen.

4.3 Verwöhnung und psychische Gesundheit

Ich möchte in diesem Kapitel den Versuch unternehmen, Auswirkungen von Verwöhnung mit Konzepten zur psychischen Gesundheit zu vergleichen. Die These lautet, dass verwöhnende Erziehung sich auf den psychischen Zustand negativ auswirkt.

Rattner setzt seelische Gesundheit mit Mut, Besonnenheit, Klugheit, Aktivität, Verbundenheit mit den Mitmenschen gleich.[48] Legt man diesen Maßstab an Verwöhnte an, ist das Resultat verheerend: In allen Bereichen lassen sich je nach der Ausprägung der Verwöhnung erhebliche Defizite ausmachen wie Minderwertigkeitsgefühle (statt Mut), unrealistische Erwartungen (statt Besonnenheit und Klugheit), Passivität (statt Aktivität), Mangel an sozialen Fertigkeiten (statt mitmenschliche Verbundenheit). Kurz: Nach der Definition von Rattner sind verwöhnte Menschen in den meisten Fällen seelisch krank.

Die moderne klinische Psychologie geht heute mehrheitlich von folgenden definitorischen Merkmalen psychischer Störungen aus: Devianz, Leidensdruck, Beeinträchtigung, Fremdgefährdung, Selbstgefährdung.

> Als gestörte Erlebens- und Verhaltensmuster bezeichnen wir solche, die in einem bestimmten Kontext deviant oder abweichend sind – das heißt anders, extrem, ungewöhnlich, vielleicht sogar bizarr – oder solche, die die jeweilige Person belasten oder ihr unangenehm sind – sie also unter Leidensdruck setzen – oder Verhaltensmuster, die sie beeinträchtigen oder so störend oder dysfunktional werden, dass die betroffene Person alltägliche Handlungen nicht mehr konstruktiv verrichten kann oder sich und andere möglicherweise sogar gefährdet.[49]

Die meisten Folgen von verwöhnender Erziehung – beispielsweise starke Minderwertigkeitsgefühle oder massive Selbstüberschätzung – als konstante Haltungen müssen eindeutig als deviant bezeichnet werden. Unter vielen Folgen von Verwöhnung leiden die Menschen schließlich (Leidensdruck). Zudem sind sie in vielfältigster Hinsicht beeinträchtigt – man denke an den Mangel an sozialen Fertigkeiten, an die Angst vor neuen Anforderungen oder an das fehlende Zutrauen in die eigenen

48 Josef Rattner (1968): Verwöhnung und Neurose. Zürich: Classen, S. 61.
49 vgl. Ronald J. Comer (1995): Klinische Psychologie. Heidelberg: Spektrum, S. 3.

Kräfte. Bei ausgeprägter Verwöhnung kann sich die Fremdgefährdung in starker Macht- und Herrschsucht, in Sabotagetendenzen oder in möglichen Folgen von aufgepeitschtem Groll entladen. Der eher entmutigte, depressiv gewordene verwöhnte Mensch, geplagt von starken Minderwertigkeitsgefühlen, Misserfolgen, Einsamkeit und Angst ist ein möglicher Kandidat für suizidales Verhalten (Selbstgefährdung). Tragisch ist auch, dass sich Verwöhnte selber in der Regel nicht als verwöhnt betrachten. Das verhindert zusätzlich eine kritische Selbstreflexion.

Für *Freud* bestand psychische Gesundheit in der Fähigkeit, lieben und arbeiten zu können. Verwöhnung führt tendenziell zumindest zur Verringerung, im ungünstigsten Fall aber auch zum Verlust dieser Fähigkeiten.

Der Psychotherapieforscher *Grawe*[50] hat aufgrund seiner Untersuchungen und unter Berücksichtigung seiner Metaanalyse zu bisherigen Forschungsarbeiten vier Grundbedürfnisse des Menschen postuliert; ich habe seine Liste mit zwei zusätzlichen – (4) und (6) – ergänzt: Kontrollbedürfnis (1), Lustgewinn/Unlustvermeidung (2), Bindungsbedürfnis/Bedürfnis nach Nähe (3), Autonomiebedürfnis (4), Selbstwertstabilisierung und -erhöhung (5) sowie Neugierbedürfnis (6). Werden diese Grundbedürfnisse mehrheitlich regelmäßig und angemessen gestillt, gilt nach diesem Modell der Mensch als psychisch gesund. Bei verwöhnten Menschen sind die Bereiche (1), (2), (3) sowie (5) häufig übermäßig ausgeprägt. Dies bewirkt eine Einengung und Fixierung, gleichzeitig aber auch eine Verdrängung anderer notwendiger Bereiche. Mit anderen Worten: Verwöhnung bewirkt eine massive Verzerrung der Bedürfnisqualitäten. Nicht die Grundbedürfnisse, sondern ihre Grenzenlosigkeit nach oben oder unten schaffen für den betroffenen Menschen – und meistens auch für seine nächste Umgebung – vielfältige Probleme. Bei vielen verwöhnten Menschen steht beispielsweise das Kontrollbedürfnis so stark im Vordergrund, dass eine befriedigende Partnerschaft kaum möglich ist. Auch Lustgewinn/Unlustvermeidung ist bei verwöhnten Menschen derart stark, dass das unersättliche Streben danach unweigerlich zu schweren Defiziten im Bereich (3) führen muss: Jede engere Bindung ist zwangsläufig auch teilweise mit Unlust verbunden. Der verwöhnte Mensch sucht nicht die wirkliche emotionale Nähe – die hält er

50 vgl. Klaus Grawe (1998): Psychologische Therapie. Göttingen: Hogrefe, S. 385 ff.

gar nicht aus – sondern eine nahestehende Person, die ihm Probleme vom Leibe hält, die ihn beschützt. Bei anderen verwöhnten Menschen ist durch den überängstlichen, überbesorgten Erziehungsstil jegliches Neugierbedürfnis (6), also das Orientierungs- und Erkundungsverhalten, abgestorben.

Interessant scheint mir auch eine kurze Analyse der Verwöhnungsfolgen anhand der Bedürfnispyramide von *Maslow.*[51] Die den Menschen angeborenen Bedürfnisse sind nach Maslow hierarchisch gegliedert, wobei die Hierarchie kulturabhängig und zwischen Individuen und zu verschiedenen Zeiten im einzelnen variieren. Die Bedürfnisbefriedigung verläuft *von unten nach oben,* d. h. erst die Befriedigung «niederer» (z. B. physiologischer) Bedürfnisse ermöglicht die Stillung «höherer» Bedürfnisse.

Es wäre für die klinische Psychologie lohnenswert, die Auswirkungen und Folgen des verwöhnenden Erziehungsstils einer näheren Betrachtung zu unterziehen. So führt die Weltgesundheitsorganisation WHO in ihrer Klassifikation psychischer und Verhaltensstörungen[52], basierend auf dem ICD-10 und dem DCR-10 99 Haupt- und diverse Unterkategorien für psychische Störungen auf. Bei mehr als einem Dutzend der aufgelisteten Kategorien – beispielsweise F 40–43/Neurotische- und Belastungsstörungen; F 30–34/Affektive Störungen; F 50–59/Verhaltensauffälligkeiten mit körperlichen Störungen und Faktoren; F 60–69/Persönlichkeits- und Verhaltensstörungen oder F 90–98/Verhaltens- und emotionale Störungen mit Beginn in der Kindheit und Jugend – wären Überlegungen und Analysen zur Mitverursachung durch verwöhnende Erziehung und Lebensführung sicher sehr aufschlussreich. Es fehlen bis heute weitgehend Ansätze, hier Verbindungen herzustellen und zu untersuchen. Das ist bedauerlich.

Verwöhnte Menschen suchen in den meisten Fällen übermäßig nach Sicherheit und Stabilität, da Ungewissheit, neue Aufgaben und ein mögliches Scheitern daran unerträgliche Gefühle auslösen können. Ihre Ich-Bedürfnisse sind meistens übermäßig ausgeprägt: Der unbändige Wunsch nach Status, Erfolg, Anerkennung, Bewunderung, Aufmerksamkeit oder Dominanz lässt sie zu Getriebenen werden, da die Selbst-

---

51 vgl. z. B. in Peter Becker (1982): Psychologie der seelischen Gesundheit. Band 1. Göttingen: Hogrefe, S. 106.

52 WHO (1999): Internationale Klassifikation psychischer Störungen. Hrsg. v. H. Dilling u. a. Bern: Huber.

Bedürfnispyramide nach Maslow (1954)

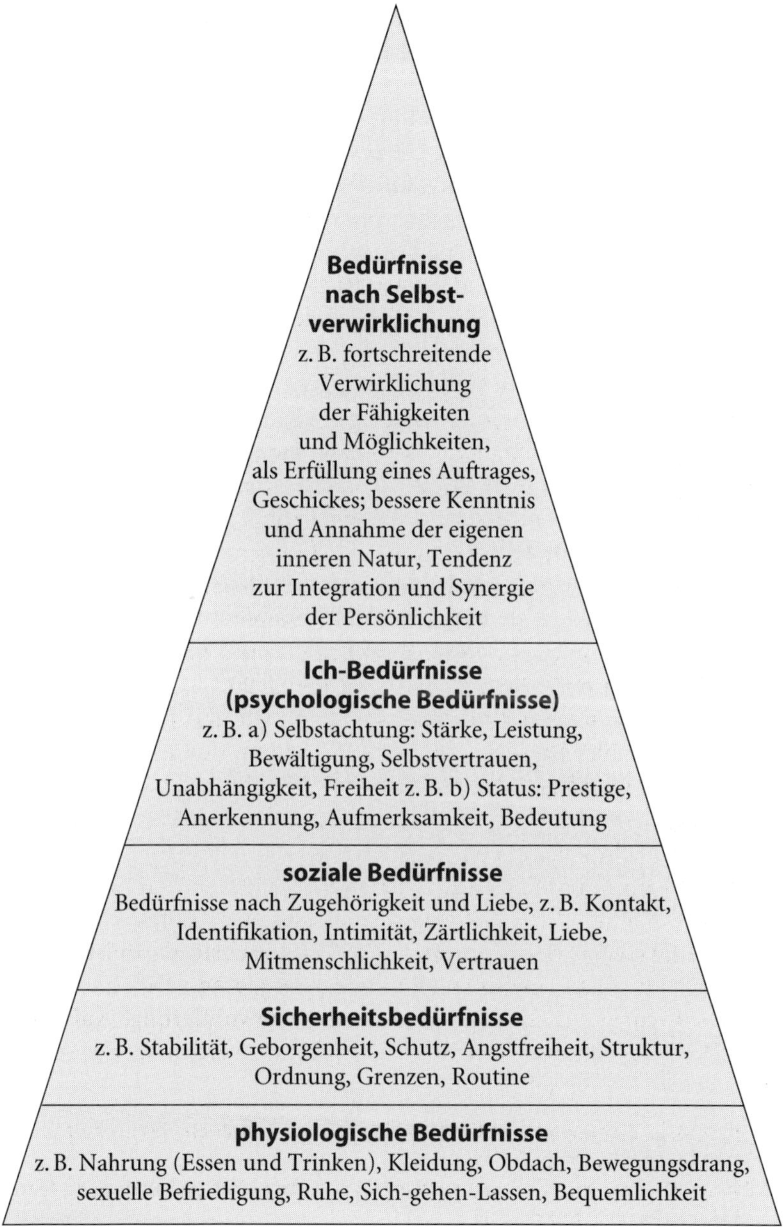

achtung, die Selbstakzeptanz davon so stark abhängig sind. Das Bewältigungsvermögen, die Unabhängigkeit, die Leistungsfähigkeit sind beeinträchtigt. Ob verwöhnte Menschen zu einer sie wirklich befriedigenden Selbstverwirklichung gelangen, überlasse ich dem Urteil der LeserInnen.

Die subtile Botschaft der Verwöhnung lautet: «Ich traue es dir nicht zu. Du bist dafür zu schwach, zu klein. Ich mache es für dich.» Damit können weder Kinder noch Jugendliche für eine neue Herausforderung fit gemacht werden. Wem Aufgaben permanent gelöst und angenehme Situationen fortlaufend arrangiert wurden, der verlernt, Erfolge und angenehme Spannungszustände selber mit sinnvollen Mitteln herbeizuführen. Im ungünstigen Fall wird das Grundmuster eines solchen Menschen der Modus der «erlernten Hilflosigkeit». Das Gefühl, die Kontrolle über sich und sein Leben zu verlieren, hilflos zu sein, kann weit reichende Folgen zeitigen: Depression, Angst und Apathie. Der klinische und Sozialpsychologe Seligman hat dies in seiner zum Klassiker gewordenen Untersuchung *Erlernte Hilflosigkeit*[53] überzeugend dargelegt. Einige Formen der Verwöhnung führen zu erstaunlich ähnlichen Symptomen, wie sie Seligman als besondere Varianten der Depression beschrieben hat: Passivität oder schleppende Aktivität, verringerte Motivation, das Gefühl der Hoffnungslosigkeit in Bezug auf die Veränderbarkeit der eigenen Lebenssituation bzw. das Gefühl, auf sein eigenes Leben wenig Einfluss zu haben.

Verwöhnung und Entwicklungsaufgaben

Havighurst[54] hat für die Industrie- und Dienstleistungsgesellschaft einige wichtige Entwicklungsaufgaben herausgearbeitet, die Heranwachsende bewältigen müssen:

1. neue und reifere Beziehungen zu AltersgenossInnen beiderlei Geschlechts

2. Übernahme der Geschlechterrolle

---

53 Martin E. P. Seligman (1999): Erlernte Hilflosigkeit. Weinheim: Beltz (Erstausgabe 1975).

54 Siehe in: Lotte Schenk-Danzinger (1988): Entwicklungspsychologie. Wien: Österreichischer Bundesverlag, S. 357.

3. Akzeptieren der eigenen körperlichen Erscheinung
4. Ablösung und emotionale Unabhängigkeit von den Eltern und anderen Erwachsenen
5. Vorbereitung und Finden des «richtigen» Berufs
6. Finden einer passenden Partnerin/eines passenden Partners
7. ein eigenes Wertesystem entwickeln
8. eine angemessene soziale Gruppe (Freundeskreis) finden.

Ein Vergleich mit den Folgen verwöhnender Erziehung ist auch hier aufschlussreich: In den meisten Punkten ergeben sich – je nach individuell verarbeiteter oder «abgestreifter» Verwöhnung – unweigerlich größere Probleme. Neue und reife Beziehungen zu Altersgenossen zu knüpfen fällt sozial unterentwickelten, Ich-geschwächten und passiven Menschen schwer. Wer nicht gelernt hat, für sich und sein Handeln Verantwortung zu übernehmen, wird bei der Übernahme der Geschlechterrolle große Mühe bekunden. Sein eigenes körperliches Erscheinungsbild vermag der auf Bewunderung angewiesene, von Minderwertigkeitsgefühlen geschüttelte Jugendliche auch nicht zu befriedigen. Die Gewohnheit, von anderen versorgt und betreut zu werden, Schwierigkeiten nicht selber bewältigen zu müssen und mit Zweifel verunsichert worden zu sein ist keine gute Voraussetzung für eine gelungene Ablösung und eine echte emotionale Unabhängigkeit von den Eltern. Ohne eigenen Einsatz und mit geringer Ausdauer fällt auch die Berufswahl und das Bestehen einer Ausbildung schwer. Eine geeignete Partnerin findet schließlich kaum ein passiver, egoistischer, wenig Einfühlungsvermögen und Einsatz zeigender Mensch. Mit den zuletzt erwähnten Eigenschaften bleibt man auch von einem befriedigenden Freundeskreis ausgeschlossen.

Verwöhnung und persönliche Kompetenzen

Wieweit die angemessene Bewältigung der oben erwähnten Entwicklungsaufgaben gelingt, hängt auch von der Fundierung der ersten Sozialbeziehungen in der Familie ab. Das zeigen die Untersuchungen von *Fend* (1990) deutlich: Fend hat die Frage interessiert, wie weit die persönlichen und sozialen Ressourcen der Heranwachsenden dazu beitragen, die Anforderungen der Adoleszenz zu bewältigen. Als wichtigste Persönlichkeitsressourcen und Problembewältigungskompetenzen nennt er (ich fasse die wichtigsten kurz zusammen):

1. soziokognitive Kompetenzen
2. Ich-Stärke
3. Leistungsbereitschaft
4. soziale Einbettung und soziales Interesse
5. soziale Fähigkeiten und Hilfsbereitschaft.

Eine Gegenüberstellung mit den Auswirkungen verwöhnender Erziehung ist wenig erbaulich: In allen fünf Kategorien weisen Verwöhnte in vielen Fällen größere bis schwere Defizite auf. Als unerfreuliche Schlussfolgerung drängt sich auf: Eine stark verwöhnende Erziehung verhindert tendenziell die Herausbildung von wichtigen Persönlichkeitsressourcen und Problembewältigungsmechanismen.

Damit wird gleichzeitig auch (ungewollt) die Identitätsentwicklung der Heranwachsenden beeinträchtigt. Gelingt die Bewältigung in den oben aufgeführten Bereichen (z. B. Berufsidentität, Geschlechtsidentität, Sozial- oder Freundschaftsidentität, Ich-Identität) einigermaßen befriedigend, spricht die Identitätspsychologie von einer *erarbeiteten Identität*[55]. Die erarbeitete Identität beruht auf mehrheitlich selbständig erworbener Identitätsarbeit. Bei ungelösten Identitätsanteilen lässt sich häufig eine *Krückenidentität* beobachten: Jugendliche (und viele Erwachsene) klammern sich an Statussymbole (z. B. großes Motorrad, Auto, Geld, teure Kleider) und versuchen so, Defizite und Unsicherheitsgefühle auszugleichen. Die Rede ist dann von einer *abgeleiteten Identität*[55]. Man fühlt sich nicht mehr vor allem aus sich selber und durch eigene sinnvoll erarbeitete Identitätsteile kohärent, sondern muss sich hauptsächlich von äußeren (meistens gesellschaftlich angesehenen) Faktoren (z. B. Statussymbolen) oder gesellschaftlich negativ bewerteten oder problematischen Verhaltensweisen (Schlägereien, Randalismus,

55 vgl. dazu z. B. Karl Hausser (1995): Identitätspsychologie. Berlin: Springer; Jürg Frick: Identitäts- und Sinnsucher in einer komplexen Welt. Bemerkungen zum Aufwachsen heute aus psychologischer Sicht. In: *Pädagogische Welt* Donauwörth 5/1996.

Rechtsextremismus) «Stärkungsanteile» holen und in die eigene brüchige Identität einbauen. Ein häufiger und psychologisch ungünstiger Modus der Identifikationsfindung ist die *Identitätsdiffusion.* Sie äußert sich u. a. im Unvermögen, z. B. aus Entmutigung, sich auf Werte, Ziele und Entscheidungen einlassen und festlegen zu können, und führt meistens zu einem Ausweichen vor altersentsprechenden Anforderungen bis hin zur Regression auf frühere Entwicklungsstufen, so etwa Passivität, Übergabe der Initiative an die Umgebung, Leben in einer Fantasiewelt. Drogen und totalitäre Gruppierungen – religiöser oder politischer Art – stellen in einem solchen Moment eine besondere Gefahr dar: Drogen verhelfen zur vorübergehenden Verdrängung der Anforderungen, Entwicklungsaufgaben und Misserfolge, totalitäre Gruppen befriedigen das Bedürfnis nach Klarheit, Übersichtlichkeit und nehmen gleichzeitig wichtige Wert- und Zielentscheidungen ab.[56]

In der individualpsychologischen Literatur wird von den so genannten Lebensaufgaben gesprochen, die sich allen Menschen lebenslang stellen: Für *Adler* sind es die Bereiche Arbeit, Liebe (Partnerschaft) und Gemeinschaft (soziale Kontakte und Beziehungen). Der Adler-Schüler *Dreikurs* hat diesen drei Lebensaufgaben noch zwei weitere hinzugefügt und sie als Kriterien für die Beurteilung seelischer Gesundheit definiert: Die Beziehung zu sich selbst sowie die Beziehung zum Kosmos. Versteht er unter ersterem die Selbstakzeptanz, die Bejahung der eigenen Person mit all ihren Vorzügen und Schattenseiten, so ist mit dem letzteren die Sinnfrage angesprochen: Wozu lebe ich, was ist der Sinn meines bzw. des Lebens? Wer die Auswirkungen von Verwöhnung der Kapitel 4.1 und 4.2 mit diesen fünf Kriterien (Adler/Dreikurs) vergleicht, kommt zu ähnlichen Feststellungen wie bei den vorangegangenen Gegenüberstellungen: Verwöhnung beeinflusst den Menschen je nach Modus und Ausprägung in seiner Lebensgestaltung und -bewältigung auf sehr ungünstige Weise. Nur selten gelingt es verwöhnten Menschen, reife, beglückende Liebesbeziehungen aufzubauen und aufrechtzuerhalten: Verwöhnte erwarten in einer Liebesbeziehung die gleiche unbegrenzte Gefühlszuwendung und all die Dinge, die sie als Kind von den Eltern erhalten haben. Besonders

56 vgl. dazu Jürg Frick: Identitäts- und Sinnsucher in einer komplexen Welt. In: *Pädagogische Welt* Donauwörth 5/1996; vgl. dazu auch die Ausführungen zu Freizeit und Konsum in den Kapiteln 3., 4.2 sowie Kap. 3, Abschnitt *Religion und Esoterik.*

in dieser Beziehung erwarten sie unbewusst, dass der Partner/die Partnerin ihre Gedanken lesen kann, dass das Gegenüber spürt, was er/sie will und braucht. Missildine schreibt dazu treffend:

> Wenn der Partner verlangt, er solle gefühlsmässig etwas zu der Beziehung beitragen und für ihre Aufrechterhaltung Verantwortung übernehmen, so findet der betreffende verwöhnte Mensch seinen Partner «ermüdend und langweilig». Er sucht nach Mitteln und Wegen, um der Anstrengung zu entkommen, die solche «Beiträge» erfordern. Stets hat der Partner dann das Gefühl, mehr als seinen Anteil an der gemeinsamen Bürde zu tragen und betrogen und ausgenützt worden zu sein.[57]

Auch ihre Gemeinschaftsfähigkeit ist zumindest beeinträchtigt, die Beziehung zu sich selbst gestört (Minderwertigkeitsgefühle oder Selbstüberschätzung bzw. Narzissmus), die Beziehung zum Kosmos verzerrt oder gestört (z. B. permanenter Groll auf die Welt, unlösbare Erwartungen). Häufig sucht der Mensch, der als Kind zu große Verwöhnung erfahren hat, kein eigenes Ziel, sondern Menschen, die ihm Ziele setzen oder deren bewunderte Ziele er übernehmen kann.

Verwöhnte Menschen erleben auch kaum so genannte Flow-Erfahrungen (engl. to flow, fließen). Csikszentmihalyi[58] stellte in langjährigen Untersuchungen fest, dass Menschen in einer sie tief befriedigenden Tätigkeit völlig aufgehen und dabei häufig das Zeitgefühl verlieren. Die beglückende Erfahrung liegt in der tiefen Befriedigung über eine sie fesselnde Aufgabe, an der sie arbeiten: MusikerInnen, KünstlerInnen, HandwerkerInnen, SportlerInnen, SchriftststellerInnen, ÄrztInnen, LehrerInnen und viele weitere Berufstätige, auch Erziehende oder Menschen in der Ausübung eines Hobbys berichten von solchen Erfahrungen. Freiräume, Eigenverantwortung, persönliche Zielsetzung und Einsatz sind die wichtigsten Voraussetzungen.

Die emotionalen Kosten einer verwöhnenden Erziehung sind besonders hoch, wenn man sich vor Augen hält, welche Eigenschaften und Kompetenzen Menschen für ein befriedigendes oder gar glückliches Leben in dieser Welt brauchen würden. Nötig sind z. B. Ausdauer, Beharrlichkeit, Geduld, Konzentrationsfähigkeit, Hartnäckigkeit, Miss-

---

57 W. Hugh Missildine (1990): In dir lebt das Kind, das du warst. Stuttgart: Klett-Cotta, S. 191.

58 Mihaly Csikszentmihalyi (1992): Flow – Das Geheimnis des Glücks. Stuttgart: Klett-Cotta.

erfolge einstecken und sinnvoll verarbeiten zu können, Unsicherheit ertragen zu können, aber auch Empathie, Einfühlungsvermögen, Perspektivenwechsel, ein Gefühl von Selbstwirksamkeit, Neugier, Interesse, Vorurteilslosigkeit, gesunder Realismus, Lebenskraft, Mut, Intelligenz, eine gesunde Portion Skepsis usw.

Ein stark verwöhnender Erziehungsstil führt in den meisten angeführten Punkten mit großer Wahrscheinlichkeit fast zum puren Gegenteil.

Verwöhnung und emotionale Intelligenz

Goleman hat in seinem Bestseller *Emotionale Intelligenz*[59] sowie in weiteren Beiträgen[60] gezeigt, wie wichtig neben kognitiven auch die emotionalen Fähigkeiten sind. In seinem Buch führt er fünf Dimensionen der emotionalen Intelligenz auf, die ich geringfügig verändert wiedergebe, um anschließend Überlegungen zur Verwöhnung anzustellen.

Selbstbewusstsein: Die Fähigkeit eines Menschen, seine Stimmungen, Gefühle und Bedürfnisse zu akzeptieren und zu verstehen, und die Fähigkeit, deren Wirkung auf andere einzuschätzen. Merkmale: Selbstvertrauen; realistische Selbsteinschätzung; selbstironischer Humor

Selbststeuerung: Die Fähigkeit, «kurzschlüssige», jähzornige Impulse oder Stimmungen zu kontrollieren oder sinnvoll umzuleiten; Tendenz, Urteile reifen zu lassen und erst zu denken, bevor man vorschnell handelt. Merkmale: Glaub-/Vertrauenswürdigkeit und Integrität; offen gegenüber Veränderungen; Fähigkeit, mit unklaren oder mehrdeutigen Situationen umgehen zu können

Motivation: Begeisterungsfähigkeit für die Arbeit, sich selbst unabhängig von finanziellen Anreizen oder Status anfeuern können. Die Einstellung, Ziele ausdauernd und mit Hingabe zu verfolgen. Merkmale: Hohe Leistungsbereitschaft; Optimismus, auch wenn es einmal schief geht; Identifizierung mit der Tätigkeit als ErzieherIn, Mutter/Vater und mit dem Beruf

59 Daniel Goleman (1995): Emotionale Intelligenz. München: Hanser.
60 Daniel Goleman: Intelligenz mit viel Gefühl. In: *Psychologie heute* Heft 4/April 1999, Weinheim: Beltz.

Empathie: Die Fähigkeit, emotionale Befindlichkeiten anderer Menschen zu verstehen, sich in sie einzufühlen (subjektiver Bezugsrahmen) und angemessen darauf zu reagieren. Merkmale: Erkennen und Fördern der Fähigkeiten anderer; kulturübergreifende Sensibilität; Einsatz für andere im Berufsfeld sowie im Freundeskreis

Soziale Kompetenz: Die Fähigkeit, Kontakte zu knüpfen und tragfähige Beziehungen aufzubauen; gutes Beziehungsmanagement und Netzwerkpflege. Merkmale: Das Wissen, wie man andere für einen neuen Weg gewinnt; die Kompetenz, Teams zu bilden und zu führen; Überzeugungskraft

Eine verwöhnende Erziehung verhindert oder erschwert die Ausbildung emotionaler Kompetenzen. Die Fähigkeiten verwöhnter Menschen sind in den oben aufgeführten Bereichen in den meisten Fällen meistens nur geringfügig entwickelt. An den Folgen der Verwöhnung leidende Menschen schwanken, wie ich schon mehrfach ausgeführt habe, in ihrem Selbstwertgefühl. Vielfach haben sie Mühe, ihre Wirkung auf andere abzuschätzen, und die realistische Selbsteinschätzung ist nicht ihre Stärke. Ihre Selbststeuerung funktioniert dann am besten, wenn alles nach Wunsch verläuft; werden unangenehme Forderungen und Ansprüche gestellt, verlieren viele verwöhnte Menschen zumindest teilweise die Kontrolle, verschließen sich gegenüber diesen Veränderungen oder bekunden größte Mühe, mit offenen Situationen adäquat umgehen zu können. Solange sie persönliche Ziele verfolgen können, sind sie häufig sehr motiviert, anhaltendere Ausdauer und Hingabe fehlen hingegen meistens. Die Identifizierung mit einer Tätigkeit gelingt am ehesten, wenn sich Erfolge relativ bequem einstellen und sie sich darin sonnen können. Das große Defizit ihrer empathischen Fähigkeiten ist besonders augenfällig, die Perspektive des anderen einzunehmen, ihnen ungewöhnlich und fremd. Ebenso zeichnen sich verwöhnte Menschen selten durch überragende soziale Kompetenzen aus. Am ehesten gelingt es ihnen noch, andere für ihre Ansichten zu überzeugen, wenn sie dabei in einer ungefährdeten Position bleiben und sich diese Erfolge rasch und ohne zu großen eigenen Einsatz realisieren lassen.

Die Einschulung als psychologische Herausforderung an das verwöhnte Kind

Ein besonderer Testfall für verwöhnte Menschen sind Übergänge im Leben, Wegmarken, neue Abschnitte. Einen besonders wichtigen Abschnitt repräsentiert – neben dem Neueintritt in den Kindergarten – der Übergang vom Kindergarten in die Schule, da in der Regel die Kinder nun besonders bei Tagesschulen über längere Zeit von der Familie getrennt sind. Der Eintritt in die Schule ist eine Art Test dafür, wie weit das Kind emotional und sozial für diese Aufgabe vorbereitet wurde. SchulanfängerInnen werden mit vielen neuen Anforderungen und Situationen konfrontiert, die für sie emotional bedeutsam sind; vieles ist dabei ungewiss: Finde ich neue KameradInnen? Wie ist der neue Ort? Wie komme ich mit dem Schulhaus, den vielen anderen Kindern zurecht? Finde ich Freunde? Genüge ich den Leistungsanforderungen der Schule, der LehrerIn? Finde ich meinen Platz in der Klassengemeinschaft? Mag mich die neue LehrerIn? Unter Umständen ist der Schulweg nun neu, länger, gefährlicher, es sind größere, stärkere Kinder auf dem Pausenhof, man ist länger von zu Hause weg (Ablösung von der Mutter, eventuell Eifersucht auf das jüngere Geschwister zu Hause, das die Mutter nun länger für sich allein hat usw.). Dieser Neuanfang stellt für alle Kinder eine Herausforderung, eine Belastung dar. Allerdings gelingt das den meisten, weil sie sich auf der anderen Seite natürlich auf vieles auch sehr freuen: Sie gehören nun zu den Großen (Prestigegewinn als SchülerIn), sie lernen (oder vertiefen) lesen und schreiben, stolzieren mit einer neuen Schultasche, knüpfen Kontakte mit anderen Kindern, und viele neue Gebiete erschließen sich ihnen.

Bei verwöhnten Kindern ruft dieser Abschnitt meistens massive Probleme hervor: Sie fühlen sich ohne die schützende und beschützende Hand der Mutter verloren, allein, unsicher. In besonders extremen Fällen verlieren diese Kinder ihre Ängste auch nach Wochen geduldiger Begleitung nicht, so dass sie noch lange von der Mutter gebracht werden müssen. In anderen Fällen bleibt die Mutter über längere Zeit in der Schule (oder schon vorher im Kindergarten), oder sie beantragt den Wechsel in eine weniger angsteinflößende Schule. Natürlich existieren viele weitere Gründe für Schwierigkeiten in Lebensübergängen: Trennung der Eltern, die Ankunft eines neuen Geschwisters, Krankheiten, ein konflikthaftes Familienleben, die Diskriminierung als Migrantenkind usw.

Viele verwöhnte Menschen leiden auch später emotional sehr stark an Übergängen, neuen Herausforderungen, Ungewissheiten, die das Leben immer wieder bereit hält. Eine Möglichkeit, diese unangenehmen Gefühle etwas zu dämpfen, zu kontrollieren, besteht in einer antrainierten Zwanghaftigkeit: Alles muss genau nach einer bestimmten Vorstellung, einem vorgegebenen Schema ablaufen. Der Zwang, das Ritual schafft so eine gewisse Berechenbarkeit und Sicherheit.

4.4 Literarische Darstellungen von Verwöhnung

Eines der eindrücklichsten literarischen Beispiele für die Folgen einer verwöhnenden Erziehung gibt uns Pu Yi, der letzte Kaiser von China in seiner ausführlichen Autobiographie, die vor allem in verfilmter Form bekannt wurde. Pu Yi erlebte eine völlig realitäts- und weltfremde Erziehung – oder besser Abrichtung – zum lebensuntüchtigen, aber mit grenzenloser Machtfülle ausgestatteten jungen Kaiser. Sein Bericht ist ein wichtiges und ungeschminktes Dokument einer verwöhnenden Erziehung. Als Kaiser wurde Pu Yi verhaftet und von den neuen kommunistischen Machthabern zur Umerziehung in eine Arbeitsanstalt gesteckt. Dort kam er mit einer Welt in Berührung, die ihm bis anhin völlig fremd geblieben war. In seiner Autobiographie schreibt er rückblickend über die Auswirkungen seiner frühen Sozialisation auf den aktuellen Alltag im Umerziehungslager:

> In den mehr als vierzig Jahren, die hinter mir lagen, hatte ich kein einziges Mal auch nur eine Decke zusammengelegt, mein Bett gemacht oder auch nur je mein Waschwasser ausgeleert. Ja sogar meine Füße hatte ich nie selbst gewaschen und auch meine Schuhbänder nie selbst zugeschnürt. Dinge wie einen Reislöffel, ein Messer, eine Schere oder Nadel und Faden hatte ich nie berührt, und als ich jetzt auf einmal bei jedem Handgriff auf mich alleine angewiesen war, geriet ich in eine geradezu verzweifelte Lage. Wenn die anderen [Mitgefangenen, Erg. J. F.] am Morgen schon lange mit dem Waschen fertig waren, war ich gerade erst dabei, mich anzuziehen, und wenn ich dann endlich soweit war, dass ich zum Waschen gehen konnte, wurde ich darauf aufmerksam gemacht, dass ich zuvor erst noch meine Decke zusammenlegen sollte; wenn ich die Zahnbürste in den Mund nahm, bemerkte ich erst hinterher, dass ich das Zahnpulver vergessen hatte. Hatte ich schliesslich alles hinter mich gebracht, waren alle übrigen schon fast mit dem Frühstück fertig. Den ganzen Tag hinkte ich so stets hinter den anderen her. Aber ärgerlicher noch

> war der versteckte Spott der Mitgefangenen, die sich hinter meinem Rücken lustig machten.[61]

Einer der mächtigsten Männer der Welt war bezüglich der banalsten, alltäglichsten Verrichtungen völlig unfähig, infantil geblieben! Das Beispiel von Pu Yi ist sicher außerordentlich extrem und äußerst selten, aber eindrücklich in der offenen Beschreibung der fatalen Folgen sowie der späteren Leiden durch eine fehlgeleitete Erziehung.

Einen ganz anderen Zugang zum Problem der Verwöhnung präsentiert uns der Schweizer Schriftsteller und Kabarettist Franz Hohler. Er beschreibt die in ihrer Absurdität kaum mehr zu überbietende Verwöhnungsspirale in seiner pointiert-ironischen Geschichte *Bedingungen für die Nahrungsaufnahme*[62] massiv zugespitzt und konsequent zu Ende gedacht:

> Mir ist der Fall eines Kindes bekannt, das, knapp nachdem es ein Jahr alt geworden war, nichts mehr essen wollte. Wenn man ihm seine Nahrung, die meistens aus einem Brei bestand, eingeben wollte, verwarf es die Hände vor dem Gesicht, schüttelte den Kopf und wand sich, so dass es unmöglich war, ihm auch nur einen Löffel davon in den Mund zu bringen. War man doch einmal so weit vorgedrungen, spuckte es sofort alles wieder aus und begann zu schreien. Das einzige, was es zu sich nahm, war etwas Wasser, aber schon wenn man ihm statt dessen Milch hinhielt, wollte es nichts mehr davon wissen.
>
> Die Eltern waren beunruhigt und konnten sich diese plötzliche Änderung nicht erklären. Sie versuchten das Kind zuerst mit Zureden, dann mit Drohungen und Schlägen zur Annahme des Breis zu bewegen, aber es war vergebens; sie legten ihm eine Banane hin, die es sonst unter allen Umständen gegessen hätte, doch das Kind nahm sie nicht. Erst ein Zufall führte zu einer Lösung. Das Zimmer des Kindes war mit einem Gatter, das man in den Türrahmen einklemmte, abgesperrt, so dass das Kind bei offener Tür im Zimmer gelassen werden konnte und man hörte, was drinnen vorging, ohne dass es die Möglichkeit hatte hinauszurennen. Am dritten Tag der Nahrungsverweigerung wollte der Vater der Mutter, die sich schon im Zimmer befand, um das Kind ins zu Bett zu bringen, den Brei hineinreichen, da kam das Kind an das Gatter gelaufen und schaute begierig zum Teller hinauf. Sogleich beugte sich der Vater hinunter und begann, ihm über das Gatter hinweg den Brei ein-

61 Pu Yi (1973): Ich war Kaiser von China. Frankfurt: Hanser.

62 Aus: *Der Rand von Ostermundigen. Erzählungen* (1973). Zitiert nach: Jürg Rüedi (1995): Einführung in die individualpsychologische Pädagogik. Bern: Haupt, S. 73–75.

zulöffeln, und das Kind, das sich mit den Händen an den Stäben hielt und mit dem Kopf gerade über den Gatterrand hinausreichte, schien sehr zufrieden und aß den ganzen Brei auf. Am nächsten Morgen fütterte der Vater, bevor er zur Arbeit ging, das Kind auf dieselbe Weise, und es zeigte nicht die geringsten Widerstände. Als aber die Mutter dem Kind den Brei über das Gatter geben wollte, lief es weg und schlug den Deckel seiner Spieltruhe solange auf und zu, bis sich die Mutter aus dem Türrahmen entfernte. Vom Vater nahm es am Abend wieder ohne Umstände den Brei über das Gatter.

Nun ass das Kind zwar wieder, aber die Tatsache, dass es nur von seinem Vater gespeist werden wollte, machte den Eltern zu schaffen. Abgesehen davon, dass es so nur zwei Mahlzeiten am Tag bekam, war es für den Vater nicht einfach, jeden Abend pünktlich da zu sein, um dem Kind das Essen zu verabreichen, er musste sich von Berufs wegen öfters von seinem Wohnort wegbegeben. Einmal erschien er leicht verspätet und hörte das Kind schon schreien, warf den Mantel rasch über einen Stuhl, ging zum Kinderzimmer und gab dem Kind sein Essen. Erst nachher bemerkte er, dass er vergessen hatte, seinen Hut abzunehmen. Als er am anderen Morgen wieder zum Kind ging, wollte es nicht essen, zeigte ihm jedoch unablässig auf den Kopf. Da erinnerte sich der Vater an den vorigen Abend, holte seinen Hut und setzte ihn auf, und befriedigt ließ sich das Kind nun seinen Brei geben. Von nun an musste der Vater immer einen Hut anhaben, wenn er wollte, dass das Kind aß.

Bisher war die Mutter stets zugegen gewesen, wenn das Kind sein Essen erhielt, nun blieb sie einmal am Morgen, als sie schlecht geschlafen hatte, im Bett, da sich der Vater angeboten hatte, das Kind allein zu besorgen. Das Kind weigerte sich aber, den Brei ohne die Gegenwart der Mutter zu essen, und so blieb dem Vater nichts anderes übrig, als die Mutter herzuholen, welche sich im Nachthemd auf ein Kinderstühlchen setzte.

Am selben Abend wehrte sich das Kind schreiend gegen die Zumutung, seinen Brei zu essen, dabei war alles in Ordnung. Der Vater stand außerhalb des Gatters und hatte seinen Hut an, und die Mutter war auch dabei. Allerdings trug sie jetzt ihre Tageskleidung, und da das Kind immer wieder auf die Mutter zeigte, zog sie schließlich ihr Nachthemd an und kam wieder ins Zimmer. Das Kind war aber erst zufrieden, als sie sich wieder auf das Kinderstühlchen setzte und von dort aus zuschaute, wie es aß.

Von jetzt an musste sich die Mutter immer zur Essenszeit des Kindes das Nachthemd anziehen, sonst war an eine Nahrungsaufnahme gar nicht zu denken. […]

Ein Nachbar, der zu diesem Zeitpunkt seinen Feldstecher auf das Haus gerichtet hat, sieht also folgendes: Der Vater reicht dem Kind den Brei in einem an einer Bambusstange befestigten Löffel von einer Bockleiter außerhalb des ersten Stockes durchs Fenster. Dazu trägt er einen Hut und einen Regenschirm, den er an einem Drahtseil über den Schultern festgemacht hat. Die Mutter liegt im Nachthemd auf dem Schrank, und das Dienstmädchen

> steht vor dem Gatter, das im Türrahmen eingeklemmt ist. Beide schauen zu, wie das Kind isst, und das Dienstmädchen schüttelt zusätzlich bei jedem Löffel, den das Kind schluckt, eine Rasselbüchse.
>
> Wenn diese Bedingungen erfüllt sind, und nur dann, dann isst das Kind.

Hohler zeigt mit seiner Geschichte auf, wie weit eine bestimmte Variante von Verwöhnung im extremsten Fall gehen *könnte* – natürlich ist das Beispiel auf die Spitze getrieben und letztlich absurd. Gerade damit hat Hohler die problematische Bereitschaft der Eltern oder anderer Erwachsener zum grenzenlosen Eingehen auf jedes Ansinnen des Kindes samt ihren natürlich überzeichneten Folgen treffend erfasst. Mit Ironie, Satire und Humor - siehe das Beispiel Molière – lassen sich bestimmte Verhaltensweisen und Lebensstile manchmal anschaulicher darstellen.

In der Öffentlichkeit wird der Leidensaspekt bei der Verwöhnung kaum in Betracht gezogen. Eine ausgeprägte verwöhnende Erziehung kann einen Menschen regelrecht psychisch paralysieren, seine normale Persönlichkeitsentwicklung behindern, ja ihn in seiner Lebenskraft schwächen und abhängig machen. Viele Leidensvarianten sind möglich. Eine dieser Formen stellt der Schriftsteller Bernhard Roth in seinem eindrücklichen und ergreifenden autobiographischen Text *Die Entbindung*[63] auf beklemmende Weise dar. Er zeigt darin, wie seine Mutter für ihn das ganze Leben übernommen und ihn so letztlich (sicher ungewollt) lebensunfähig gemacht hat:

> Meine Mutter, meine Päpstin. Sie war für mich Gottes Stellvertreterin auf Erden, ängstlich darauf bedacht, mir alles und jedes zu filtern, auf dass es richtig bei mir ankomme. Ich habe die Überzeugung verinnerlicht, dass ich es nie allein schaffen würde, dass ich sie brauche, und dass ich gar keine eigene Kraft zu entwickeln brauche.
>
> Außerhalb des Leibes meiner Mutter, außerhalb des Pfarrhauses, außerhalb des Gartens lauerte das Böse, vor dem sie mich schützen und bewahren wollte.

Erst nach vielen schmerzlichen Bemühungen, Rückschlägen und Enttäuschungen gelingt es Roth, langsam sein eigenes Leben zu gehen, sich von der Mutter auch emotional abzunabeln und die hemmenden religiösen Gefühls- und Denkmuster abzulegen. Sein Bericht zeigt besonders ein-

63 Bernhard Roth (1998): Die Entbindung oder von einem, der spät zur Welt kam. Wuppertal: R. Brockhaus, S. 126.

drücklich die langanhaltende Wirkung seiner Mutter und der religiösen Eindrücke auf die Gestaltung seiner Liebesbeziehungen: Tiefe Minderwertigkeitsgefühle, massive Bindungsängste, eine jahrelange Bindungsunfähigkeit u. a. waren die Folgen.

Ein Beispiel für den Zusammenhang von Verwöhnung und gänzlicher Lebensuntüchtigkeit ist die Hauptfigur im Roman *Oblomow* des russischen Schriftstellers Iwan Gontscharow (1812–1891).

Oblomow ist der Prototyp eines verwöhnten Menschen, bei dem Bequemlichkeit, Warten, Passivität und Tagträumen im Zentrum stehen. Oblomow verlässt das Bett auf den ersten 150 Seiten des Romans nicht. Dabei ist er keineswegs krank oder von Anstrengung erschöpft: Das Liegen im Bett ist die gewohnte Dauerposition seiner Lebensgestaltung. In seinen alten Morgenmantel gehüllt, dahindösend, nimmt er den Lauf der Zeit mit völliger Gleichgültigkeit und Passivität hin. Er liegt auf dem Bett oder Diwan oder wartet, dass etwas geschehen soll. Er selber fühlt sich weder befähigt noch dazu angespornt, ins Leben einzugreifen, aktiv zu werden: Von Willen und Schaffenskraft findet man bei ihm keine Spur. Privilegierte materielle Lebensumstände erleichtern ihm diese Lebensform. Er lebt in Wünschen, Träumen, Projekten und Gedankenentwürfen – aber nicht in der Realität. Er scheut den Schritt vom Plan zur Tat, vom Wunsch zur Willensanstrengung, von der Fantasie zur Realität. Oblomow war das einzige Kind eines reichen Gutsbesitzers. Er wurde von seiner Mutter sowie von Kindermädchen über alle Maßen verwöhnt und wuchs in einem Glashaus auf, in der tropischen Temperatur einer Verhätschelung und Überbetreuung, zu der sich immer die Angst gesellte, es könne ihm irgendetwas Schlimmes geschehen. Der Autor erzählt aus Oblomows Kindheit:

> Die Mutter überschüttete ihn mit heißen Küssen, betrachtete ihn dann mit brennend besorgtem Blick, ob die Äuglein nicht trübe blickten, fragte ihn, ob ihm nicht etwas weh täte, erkundigte sich bei der Kinderfrau, ob er ruhig geschlafen habe, ob er in der Nacht aufgewacht wäre, ob er sich im Bett hin und her geworfen oder vielleicht Fieber gehabt habe.

Ist er schließlich erwacht, geht die Überbetreuung weiter:

> Dann gingen sie zum Vater, und dann wurde Tee getrunken. Am Teetisch erblickte Oblomow eine alte Tante von achtzig Jahren […] Außerdem waren da noch drei alte Jungfern, entferntere Verwandte seines Vaters, und der etwas verrückte Schwager seiner Mutter, ferner ein Besitzer von sieben leibeigenen Bauern […] endlich noch ein paar uralte Frauen und Männer. Dieser

> ganze Hofstaat des Hauses empfing nun Ilja Iljitsch [Oblomow] und überschüttete ihn mit Liebkosungen und Lobsprüchen. Er wurde kaum fertig damit, die Spuren der nicht erwünschten Küsse abzuwischen. Hierauf begann die Fütterung; man gab ihm kleine Semmeln, Zwiebäcke, Sahne.[64]

Trotz dieser fast unerträglich erscheinenden Behandlung zeigt Oblomow noch letzte geringfügige Versuche von Eigenständigkeit und Unternehmungsgeist: beides wird von der Mutter und den Kindermädchen nach und nach erstickt.

Gontscharow beobachtet sehr genau und erfasst psychologisch exakt die sich an unzähligen Handlungen manifestierende Verwöhnung mit ihren Folgen. Er zeigt, wie Oblomow noch im Jugendalter von vielfältigen kindlichen Ängsten beherrscht wird:

> Ilja Iljitsch erfuhr, dass es keine Ungeheuer gibt, die einem Übles zufügen, wusste aber kaum, welcherart Übel es überhaupt gibt: So wähnte er denn allüberall etwas Grauenhaftes zu begegnen und fürchtete sich. Ist er im dunklen Zimmer allein oder sieht er einen Toten, so fürchtet er sich auch jetzt noch, steht im Bann des unheilvollen Grauens, das ihm in seiner Kindheit eingeimpft wurde. Wohl lacht er am Morgen über seine Ängste, was ihn aber nicht daran hindert, am Abend wieder zu erbleichen.[65]

Jahre später, schon in seinem antrainierten und tief verinnerlichten Lebensstil gefangen, tauchen ihm doch noch einmal kurz Fragen zu seinem Leben auf:

> «Warum bin ich denn so?» fragte Oblomow sich selber beinahe weinend und versteckte seinen Kopf wiederum unter der Decke, «ja, warum nur?» Nachdem er vergeblich nach dem feindlichen Prinzip gesucht hatte, das ihn daran behinderte, so zu leben, wie es nötig war, wie die anderen lebten, seufzte er auf, schloss die Augen, und nach wenigen Augenblicken schon lähmte die Schläfrigkeit seine Gefühle wieder. «Auch ich … wollte doch …», sagte er, mit Mühe blinzelnd, «irgendetwas … Hat mich die Natur wirklich so zurückgesetzt … Ach nein, Gott sei Dank…, ich kann nicht klagen…»[66]

Diese Ansätze oder Chancen für eine mögliche Veränderung werden aber rasch von alten Gefühlen überflutet, die ihn in seinen gewohnten Zu-

64 Iwan Gontscharow (1981): Oblomow. Frankfurt: Insel, S. 152–153.
65 ebd., S. 173–174.
66 ebd. S. 140.

stand von Apathie und Passivität zurückfallen lassen. Oblomow bleibt in seiner Zuschauerrolle gefangen. Russische Wörterbücher kennen sogar den Begriff «Oblomowerei», der nach Gontscharows Romantitel gebildet worden ist: Oblomowerei wird als Schlaffheit, Faulheit, Trägheit, Gleichgültigkeit aufgeführt.

Gontscharow führt uns in seiner Studie einen Menschentyp, eine anthropologische Möglichkeit vor. Im Fachjargon der klinischen Psychologie könnte man sagen, dass Oblomow eine besondere Form von Neurose darstellt. Gontscharows meisterhafte Darstellung zeigt die Akzentuierung einer bestimmten Verhaltensmöglichkeit, die man – weniger ausgeprägt – auch bei anderen, realen Menschen antreffen kann.

5. Prädisponierende Faktoren, Hintergründe und Bedingungen der Verwöhnung: Die (meistens) unbewusste Ebene

Warum verwöhnen Eltern ihre Kinder? Wieweit werden verwöhnende Erwachsene von unbewussten und ungewussten Motiven zur Verwöhnung getrieben? Gibt es Kinder, die besonders gefährdet oder bevorzugt sind, aufgrund bestimmter Merkmale verwöhnt zu werden? Welche besonderen Bedingungen und Umstände lassen Verwöhnung eher entstehen?

Es gibt eine Vielzahl von Gründen, die – kurz zusammengefasst – mehr:

- in *äußeren Bedingungen* (z. B. krankes Kind) oder
- in der *Lebenssituation der Eltern bzw. eines Elternteils* (z. B. Schuldgefühle bei Alleinerziehender/m) oder
- in der *Persönlichkeit des Verwöhners* (z. B. unsichere/r Mutter/Vater) oder schließlich in einer *Kombination mehrerer dieser Faktoren* liegen.

Das letzte ist sicher der häufigste Fall.

Erst eine sorgfältige und individuelle Analyse der Situation von Kind und Familie vermag hier nähere Aufschlüsse zu geben. Ich gehe hier auf gesellschaftliche und kulturelle Hintergründe wie etwa Konformitätszwang durch die Konsumgesellschaft – die Bereitschaft, jemanden auszugrenzen, weil er die falsche Jeans trägt oder kein Handy besitzt – und deren Zusammenhang mit Verwöhnung eher marginal ein. Vieles dazu habe ich schon im Kapitel 3 über die Felder der Verwöhnung angesprochen.

Dabei möchte ich – doppelt unterstrichen – betonen, dass es nie um eine Schuldzuweisung an verwöhnende Eltern oder Lehrpersonen geht, sondern allein um die Erhellung bisher übersehener und unerkannter Hintergründe. Schuld setzt bewusstes Wollen voraus. Gerade die Tiefenpsychologie konnte aber nachweisen, wie mächtig unbewusste Kräfte im Menschen zu wirken vermögen. Eine Verurteilung wäre aus psychologischer Sicht auch deshalb falsch und verhängnisvoll, weil Schuldzuweisung und Vorwürfe gerade das Gegenteil des Notwendigen hervorrufen: Abwehr, zusätzliche Schuldgefühle statt Verstehen und allfällige Konsequenzen zugunsten des Kindes und der eigenen Person zu ziehen.

Ich werde im Folgenden offensichtlichere wie eher übersehene Aspekte zur gestellten Fragestellung näher beleuchten und zeigen, wie vielfältig und komplex die Motivation zur Verwöhnung ist.

Schuldgefühle

Eine der häufigsten Ursachen für Verwöhnung sind Schuldgefühle der Eltern oder eines Elternteils: Eltern haben tatsächlich oder in ihrer Einbildung zu wenig Zeit für ihre Kinder, weil beide hart arbeiten müssen oder sich stark beruflich engagieren wollen. Das Kind wird nun mit Materiellem (Spielsachen, Geld usw.) mehr als großzügig ausgestattet, in der wenig vorhandenen gemeinsamen Zeit steht ganz das Kind mit seinen Bedürfnissen im Zentrum: Eltern versuchen, in dieser knappen Zeit auf alle Wünsche des Kindes einzugehen – es soll es jetzt besonders schön haben. Die spärlich vorhandene gemeinsame Zeit soll nun doppelt genutzt, «aufgeladen» werden. Schuldgefühle so abzutragen ist selbstverständlich problematisch, weil Kinder das spüren und häufig ausnützen.

Elterliche Schuldgefühle können auch bei einer alleinerziehenden oder geschiedenen Mutter (natürlich gilt bei Vätern dasselbe) das Motiv für Verwöhnung sein: Das Kind soll die vorangegangenen, heftigen und zahlreichen Streitereien zwischen den Eltern möglichst rasch verdauen und vergessen können - es soll es wenigstens ab jetzt besser haben. Dabei bietet gerade die Berufstätigkeit der Mutter den Kindern reichlich Gelegenheiten, selbständig und eigenverantwortlich – natürlich altersentsprechend! – zu werden und eigenständig Aufgaben in der und für die

Familie zu übernehmen. Sie können so einen wichtigen Beitrag leisten, damit das System Familie funktioniert.

Verwöhnung findet sich auch als «Entschädigung» für die häufige Abwesenheit eines Ehepartners: Der Vater ist beispielsweise Alkoholiker, psychisch angeschlagen und kümmert sich nicht um das Kind oder schlägt es. Die Mutter plagt sich deswegen mit starken Schuldgefühlen. Sie fürchtet, das Kind könnte später emotionale Schwierigkeiten bekommen, wenn das Fehlen und die unangemessenen Verhaltensweisen des Vaters nicht ausgeglichen werden. Verwöhnung dient hier als missglückter Versuch, den negativen Einfluss des fehlenden oder häufig abwesenden Vaters zu kompensieren. Trotz vermehrter Zuwendung und vieler Geschenke durch die Mutter leidet das Kind unter dem abwesenden und/oder nicht zugänglichen Vater und fühlt sich häufig auch noch dem schenkenden und zuwendenden Elternteil gegenüber schuldig, weil es trotz der Geschenke und Aufmerksamkeit traurig ist. Dabei müsste es gegenüber der sich aufopfernden Mutter ja dankbar sein!

Eine andere Variante mit Schuldgefühlen findet sich auch in Familien, wo z. B. der Vater eine autoritäre Erziehung praktiziert, die Mutter zwar nicht einverstanden ist, sich aber aus Angst unterzieht. Innerlich bleibt sie unzufrieden, leidet mit dem Kind und möchte – vor allem wenn der Vater abwesend ist – einen Teil dieser Strenge durch besonders große Nachgiebigkeit, Aufmerksamkeit und Verwöhnung wieder gutmachen. Besonders Mütter, die als Kinder selber eine entbehrungsreiche, harte Kindheit erlebt haben und dies mit dem eigenen Kind einmal anders halten wollten, sind für solche kompensatorischen Erziehungspraktiken speziell anfällig.

Eine schlechte Partnerschaft mit viel Unstimmigkeit, Streit und Hektik zwischen den Eltern kann ebenfalls ein Anlass für Verwöhnung sein. Meistens ist es der Elternteil, der unter dieser Missstimmung besonders leidet, der dann versucht, über Verwöhnung das Kind für die unerfreuliche Lage zu «entschädigen». Kinder spüren dies mit ihren feinen Antennen schnell und nutzen das u. U. auch aus, indem sie immer mehr fordern, dem verwöhnenden Elternteil Vorwürfe machen oder sich dem verwöhnenden Elternteil besonders nahe anschließen. Manchmal «belohnen» sie die Zuwendung der Mutter auch mit abschätzigen Bemerkungen über den Vater. Diese fühlt sich dann häufig – was letztlich für das Kind verhängnisvoll ist! – bestätigt und verwöhnt es noch stärker, indem sie für das Kind alles tut. Ein Teufelskreis.

Eine eigene unverarbeitete Lebensgeschichte

Die Eltern oder Elternteile haben selber eine harte, lieblose oder überfordernde Erziehung erlebt. Das wollen sie aus naheliegenden und nachvollziehbaren Gründen ihren eigenen Kindern ersparen. «Meine Kinder sollen das nicht durchmachen müssen, was ich alles erlebt habe!» «Ich war allein und völlig überfordert als Kind, niemand war für mich da, kein Mensch hatte Verständnis und Zeit!» «Mein Kind soll es einmal besser haben!» Besonders Eltern, die entbehrungsreiche und harte Kindheitsjahre erlebt haben, versuchen nun dem Kind – verständlicherweise – bessere, d.h. möglichst optimale Startbedingungen zu ermöglichen. Wenn man selber ohne Hilfe Probleme lösen musste, sich ohnmächtig und überfordert fühlte, mit Unverständnis und Härte behandelt wurde, versucht man nun als Erwachsener das selber Erlittene den eigenen Kindern verständlicherweise möglichst zu ersparen. Das Pendel schlägt dann allerdings häufig ins Gegenteil um: Das Kind wird nun statt überfordert unterfordert, von Schwierigkeiten auch geringster Art verschont und mit dauernder Besorgnis betrachtet, wenn von außen Gewitterwolken des Lebens an das Kind herangetragen werden.

Auch eine **große Aufopferungsbereitschaft,** z.B. als Folge emotionaler Defizite in der eigenen Kindheit oder eine **übermäßig ausgeprägte Hilfsbereitschaft** (als Ausdruck der Lebenserfahrung: «Nur wer sich um andere kümmert, erhält Anerkennung und Dank.») gehören in diese Kategorie.

Hier können Eltern schon bei kleinsten Anzeichen von Unwohlsein des Kindes oder Lehrpersonen bei ersten Schwierigkeiten des Schülers beim Lösen einer Rechenaufgabe schnell, sofort oder zu früh einspringen, um ja eine Spannung, ein Stocken oder gar ein Scheitern zu verhindern. Sehr bemühte, hilfsbereite Lehrpersonen mit einer entsprechenden biographischen Erfahrung können hier besonders anfällig sein, ebenso LehrerInnen, die als Kinder unter dem Gegenteil gelitten haben: Überforderung, Schroffheit, Alleinsein mit Schwierigkeiten, Unverständnis der fordernden Erwachsenen.

Selbstverständlich plädiere ich *für* Hilfsbereitschaft und Einfühlungsvermögen von Eltern und Lehrpersonen; aber diese wichtigen Fähigkeiten sollen am Kind, nicht an der eigenen Biographie, orientiert sein.

Eine spezielle, kombinierte Variante der eigenen unverarbeiteten Lebensgeschichte findet sich bei Eltern, die selber eine harte, lieblose Erziehung erlitten haben und aufgrund ihrer Ausbildung oder ihres

Berufes Einsicht in die Erkenntnisse über Erziehungsfolgen haben. Sie wissen, dass – auch in Europa! – über Jahrhunderte die autoritäre, mit unerbittlicher Strenge und Härte praktizierte Erziehung, die Norm darstellte. Viele literarische und autobiographische Darstellungen dazu, z. B. von Schriftstellern[67], beschreiben die Praktiken und die verheerenden Folgen dieses Erziehungsstils ausführlich und eindrücklich. Die Forschungsergebnisse, etwa aus den Bereichen Entwicklungspsychologie[68], Pädagogik[69] Psychotherapie[70] oder Sozialpsychologie[71], zeigen ebenfalls genau die unermesslichen – und lange unterschätzten – Schäden, die durch eine autoritäre Erziehung bei Kindern und Jugendlichen ausgelöst und bis ins späte Erwachsenenleben weitergetragen werden. Diese wichtigen Erkenntnisse können von aufgeklärten, sensiblen und gutmeinenden Eltern u. U. falsch, d. h. so interpretiert werden, dass sie nun ins Gegenteil umschlagen und jede Grenzsetzung, jede Anforderung, ein deutliches Wort u. ä. als Ausdruck dieser autoritären Haltung verwech-

---

67 vgl. z. B. Franz Innerhofer (1982): Schöne Tage. Frankfurt: Suhrkamp; Leonhard Frank (1978): Die Ursache. Wetzlar: Büchse der Pandora; Peter Härtling (1982): Nachgetragene Liebe. Hamburg: Luchterhand.

68 vgl. z. B. die umfangreichen Untersuchungen von Bowlby, Grossmann + Grossmann, Ainsworth und Main. Aus der Fülle der Veröffentlichungen als Beispiele: John Bowlby (1995): Elternbindung und Persönlichkeitsentwicklung. Heidelberg: Dexter; Gottfried Spangler; Peter Zimmermann (Hrsg.) (1999): Die Bindungstheorie. Grundlagen, Forschung und Anwendung. Stuttgart: Klett-Cotta.

69 vgl. z. B. als kleine Auswahl (1986): Erich Weber (1986): Erziehungsstile. Donauwörth: Auer; Hermann Hobmair u. a. (1996): Pädagogik. Köln: Stam; Katharina Rutschky (1977): Schwarze Pädagogik. Frankfurt: Ullstein; Katharina Rutschky (1983): Deutsche Kinderchronik. Köln: Kiepenheuer und Witsch; Rudi Palla (1997): Die Kunst, Kinder zu kneten. Frankfurt: Eichborn; Karl-Heinz Günther (Hrsg.) (1987): Geschichte der Erziehung. Berlin: Volk und Wissen; Karl-Heinz Günther (Hrsg.) (1978): Quellen zur Geschichte der Erziehung. Berlin: Volk und Wissen; Lloyd DeMause (1980): Hört ihr die Kinder weinen? Eine psychogenetische Geschichte der Kindheit. Frankfurt: Suhrkamp.

70 vgl. z. B.: Alice Miller (1980): Am Anfang war Erziehung. Frankfurt: Suhrkamp.

71 vgl. z. B.: David Mark Mantell (1978): Familie und Aggression. Zur Einübung von Gewalt und Gewaltlosigkeit. Frankfurt: Fischer. – Soziologie: Theodor W. Adorno (1973): Studien zum autoritären Charakter. Frankfurt: Suhrkamp.

seln. Einigen Eltern der achtundsechziger-Generation unterlief dieser Fehler auch mangels Einsicht in die wesentlichen Unterschiede zwischen einer antiautoritären/autoritätskritischen und einer Laisser-faire-Erziehung.

Kleinheits- und Unsicherheitsgefühle der Erwachsenen, eigene Identitätslücken

Das eigene Kind muss aus verschiedensten Gründen (z. B. eigene unglückliche Kindheit) als kompensatorisches Objekt für die eigene Bestätigung von Bedeutung, Macht, Unersetzlichkeit, Größe, Kompetenz dienen. Das kleine, bedürftige, abhängige, hilflose Kind steht dem vermeintlich großen, autonomen, starken, omnipotenten Vater bzw. der entsprechenden Mutter gegenüber. Der unsichere, Ich-geschwächte Erwachsene erlebt sich nur als vollständiger Mensch in der Rolle als überbesorgter, überbemühter Elternteil, der alles für das Kind tut, es mit allem Erdenklichen ausrüstet, oder aber ihm gegenüber seine vermeintliche Stärke und Überlegenheit zeigt, indem er es z. B. bei Spielen nie gewinnen lässt, immer der Größte, Gescheiteste sein muss, alles besser weiß, sich gerne vom Kind bewundern und bestaunen lässt. Je Ichschwächer, desto größer der kompensatorische Wunsch der Eltern und desto akuter die Gefahr, mit Verwöhnung zu reagieren. Nur indem der Erwachsene für das Kind alles tut, jede Hürde beiseite räumt, das Problem des Kindes abnimmt, erlebt er eine Bestätigung *seiner* Stärke und Bedeutung – aber auf Kosten der Entwicklung des Kindes. Das Kind muss so – unbewusst – als Auffüller, als Kitt von Identitätslücken des Erwachsenen herhalten. Unsichere Menschen, die sich nie gut genug vorkommen, sich selber zu wenig oder gar nicht akzeptieren können, wollen dann kompensatorisch beweisen, dass sie sich als Eltern bewähren, dass sie «jemand» sind. Durch ihr übermäßiges Geben und Eingreifen in den Lebensraum des Kindes demonstrieren solche Eltern unbewusst ihrer Umgebung: «Ich bin ein guter Mensch, seht, was ich alles für meine Kinder tue!» Auch hier zeigt sich einmal mehr, dass übermäßige Verwöhnung nicht von den Bedürfnissen des Kindes ausgeht, sondern die eigene, persönliche Problematik der Verwöhnenden im Vordergrund steht. Dieses Überengagement der Eltern führt dazu, dass Kinder durch die Verwöhnung bezüglich Eigeninitiative, Eigenaktivität oder Kontrollüberzeugung zu kurz kommen. Später lässt sich häufig beobachten, wie die Eltern um die Anerkennung und Zuneigung der «Kinder» ringen, ja sich ihnen u. U. sogar auf unwürdige Weise unterziehen.

Eine weitere Form ist auch erkennbar in **Selbstgefälligkeit**, im **Sympathie-erheischen-Wollen**: solche Erwachsene sind in ihrer Persönlichkeit unsicher und suchen, von außen Anerkennung zu bekommen. Sie verwöhnen, um als großzügig, modern, lässig, nicht knauserig, aufgeschlossen usw. zu gelten. Ihr unbewusstes Streben lautet etwa so: «Bin ich nicht ein toller Kerl?» Die erhofften positiven Reaktionen der Kinder und Jugendlichen auf ihre verwöhnenden Handlungen sollen diese Bestätigung herbeiführen.

Oftmals sollen die Kinder auch die - meistens - unbewussten Wünsche der Eltern verwirklichen: Die Kinder sollen das erreichen, was den Eltern versagt geblieben ist. Sie sollen Macht, Ruhm, Prestige und Geld maximieren, die Familiengeschichte weiterschreiben und die Stellung der Familie verbessern – oder sie sollen den Erfolg der Familie wiederholen. Dafür wird in das Kind alles investiert.

Lebensängste der Eltern

Hier finden wir Eltern, die verhindern möchten, dass ihrem Kind etwas passiert. Sie haben Angst, dass das Kind von der Außenwelt überfordert wird, dass es Schaden erleidet. Hinter der Überbesorgnis – die normale Sorge steht hier nicht zur Diskussion – und der viel zu großen Vorsicht («Pass ja auf!», «Das ist doch zu früh und gefährlich für dich!») stecken meistens eigene unverarbeitete Lebensängste oder die Angst, das Kind nicht genügend auf die Anforderungen des Lebens vorbereitet zu haben. Die Eltern meinen es wirklich gut und wollen helfen, aber die fatale Wirkung ihrer Handlungsweise ist ihnen nicht bewusst. Es ist Vorschulpädagoginnen gut bekannt, dass besonders bei verwöhnten Kindern die Unfallgefahr erhöht ist, weil diese Kinder nicht genügend gelernt haben, mit den Gefahren des Alltags angemessen umzugehen: Immer waren Eltern da, die vor Gefahren gewarnt oder sie weggeräumt, für das Kind «erledigt», haben. Lebensängste der Eltern sind häufig mit der vorhin besprochenen Variante der Kleinheits- und Unterlegenheitsgefühle der Eltern verknüpft.

Unerfahrene Eltern

Diesen Eltern erscheint das Neugeborene, aber auch das Kleinkind allzu zart und zerbrechlich. Die übergroße Angst und Besorgnis lässt diese Eltern, meistens vor allem die Mutter, um das Kind als beweglicher Schutzschild kreisen.

Eine unbefriedigende Lebenssituation

Dieser Fall kommt deutlich häufiger bei Frauen vor. Kinder werden häufig verwöhnt, wenn die Mutter ihr eigenes Leben als lieblos und sich selbst als unverstanden und mutlos erfährt. Oder die Mutter ist von ihrer Partnerschaft enttäuscht, empfindet zuwenig Zuneigung und Wertschätzung ihres Mannes, sie fühlt sich durch die neue Erziehungs- und Betreuungsaufgabe sozial isoliert oder eine allfällige Berufsaufgabe führt zu Gefühlen der Isolation, zu Identitätsverlust, zu einem Rollenwechsel, den sie sich nie so vorgestellt hat usw. Das Kind soll nun unbewusst diese Lücke füllen und muss dazu herhalten, diese Defizite auszugleichen. Es wird dann je nachdem mit Zuwendung, Nachgiebigkeit und Geschenken überhäuft.

Eine unbefriedigende Lebenssituation als getrennt lebende, alleinerziehende Mutter führt Frau Meier dazu, dass sie ihr einziges Kind, den 7-jährigen Mauricio, nach der Trennung von ihrem Mann stark verwöhnt: Mauricio ist ihr aus der Beziehung zu ihrem Ex-Mann noch als Einziges übriggeblieben, er ist «ihr kleiner Mann», der seit der Trennung in ihrem Ehe-Bett schlafen darf, sie in ihren neuesten Kleidern bewundern soll und bei seinen massiven Verhaltensproblemen in der Schule immer nur das Opfer von SchülerInnen und Lehrperson ist: Diktate sind halt, findet sie, zu schnell für ihn, die Lehrerin müsste mehr Rücksicht auf Mauricio nehmen usw. Sein Pult in der Schule (!) oder das Zimmer zu Hause aufzuräumen: Beides gehört für Frau Meier in ihren Zuständigkeitsbereich.

Eine Variante kann auch darin bestehen, dass der unglückliche Erwachsene mit seinem unermüdlichen verwöhnenden Einsatz unbewusst den Anspruch an das Kind stellt, ihn dafür nie – wie vielleicht der Ehepartner – zu verlassen und/oder ihm dafür immer dankbar zu sein. Die Beziehung zum Kind ist so oft die einzige feste Bindung, auf die ein Erwachsener sich noch verlassen kann. Dies gilt besonders in einer

Gesellschaft, wo Mobilität, Flexibilität, Oberflächlichkeit in Beziehungen (man denke an Arbeitsbeziehungen) und Ich-Haftigkeit als zentrale und wünschenswerte Tugenden propagiert werden. Es ist eine häufige tragische Folge von Verwöhnung, dass Kinder meistens den Eltern gar nicht dankbar sind, weil sie sich so bedrängt gefühlt haben oder sich sogar auch als Erwachsene noch so fühlen. Ihr primäres Verhalten ist dann Abwehr statt Dankbarkeit. Für Eltern eine harte und unangenehme Situation, mit der sie nicht gerechnet haben und worauf sie manchmal mit Verbitterung und Gram reagieren.

In einem anderen Fall wird das Kind verwöhnt, weil die Eltern über ihr Kind einen Machtkampf miteinander austragen. Hat der Vater zum Beispiel das Kind bestraft, so streckt ihm die Mutter offen oder heimlich ein Geschenk zu oder privilegiert es in einem Bereich, um sich am Partner zu rächen.

Schließlich kann auch der Wunsch des Vaters, seine Tochter zu seiner Gefährtin zu machen, weil er mit seiner Frau nicht (mehr) zurechtkommt, oder der Versuch der Mutter, ihren Sohn in die Rolle des aufmerksamen kleinen Kavaliers zu drängen, als Motiv für Verwöhnung auftreten – besonders wenn die Tochter/der Sohn auf das Ansinnen des entsprechenden Elternteils wunschgemäß anspricht und so vielleicht die Mutter gegen den Vater bzw. umgekehrt ausspielen kann. Töchter fühlen sich u. U. durch die zugewiesene Rolle geschmeichelt und kokettieren mit dem Vater, beginnen mit ihren erotischen Reizen zu spielen, was die Mutter zusätzlich in Schwierigkeiten bringen kann.

Furcht vor Liebesverlust und Aggression

Unsichere Eltern und/oder Eltern, die selber mit Erziehungspraktiken des Liebesentzuges aufgewachsen sind, laufen Gefahr zu verwöhnen. Verwöhnte Kinder, denen ein Wunsch nicht sofort erfüllt wird – «Ich will jetzt fernsehen, jetzt, nicht später», «Ich will dieses Computerspiel haben», «Für mich kommen nur diese Levis-Jeans in Frage, die anderen kannst du vergessen» –, reagieren zunächst meistens mit Schmollen, Schreien, Quengeln, Nörgeln oder Beleidigtsein. Eltern, die das schlecht ertragen, geben rasch nach, womit sie die verwöhnte Haltung des Kindes ungewollt und unbewusst verstärken – und schon beim nächsten Wunsch des Kindes wieder mit ihrer eigenen ungelösten Problematik konfrontiert werden. Jede neue so «gelöste» Runde verstärkt die Haltung des Kindes und fördert die Angst der Eltern vor dem aggressiven Verhalten des Kindes. Verwöhnende Eltern von diesem Typus ringen um Liebe und Anerkennung bei ihren Kindern: eine Rollenumkehr, die beide Seiten unbefriedigt lässt.

In Ruhe lassen

Verwöhnendes Verhalten kann auch von Eltern praktiziert werden, die mit dem Kind wenig anfangen können, denen es rasch zuviel wird, die sich vom Kind schnell bedrängt, gestört, belästigt fühlen. In der prompten Erfüllung von Wünschen liegt die unbewusste Erwartung, dafür in Ruhe gelassen zu werden – sei es, dass es sich um echte Ruhe handelt (das Kind spielt nun still vor sich hin oder es sieht fern), sei es, dass die Ruhe und Zeit zur Erfüllung eigener Wünsche (z. B. Hobby, Zeitung lesen) gebraucht wird. Bei diesem Typus der Verwöhnung werden Kinder mit der raschen Erfüllung von Wünschen ruhig gestellt. Sie lernen schnell damit umzugehen, und es stellt sich häufig ein unbewusster und unausgesprochener Konsens zwischen Eltern und Kind ein, der auf die folgende Formel gebracht werden kann: «Du gibst mir das und ich lasse dich dafür in Ruhe.» Auch hier funktioniert das Prinzip des verstärkenden Kreislaufs.

Ablösungsprobleme

Verwöhnende Eltern wehren sich oft unbewusst gegen die zunehmende drohende Selbständigkeit des Kindes und Jugendlichen, weil sie es/ihn nicht verlieren, «abgeben», loslassen können. Sie versuchen es/ihn mit Verwöhnung und besonderen Privilegien (z. B. freier Zugriff zum Auto) fest an sich zu binden. Mütter haben hier häufiger Mühe als Väter, besonders wenn sie gänzlich in der Rolle als Hausfrau und Erzieherin aufgegangen sind und zum Kind eine zu ausschließliche, exklusive Bindung eingegangen sind.

Angst vor Konflikten und Ablehnung

Selbstunsichere Eltern sind ungenügend auf die nicht abzuwendenden Konflikte und Auseinandersetzungen mit Kindern und Jugendlichen vorbereitet. Das Kind spürt bald diese Verunsicherung und setzt sie unbewusst bei vielen Gelegenheiten ein: Sobald es im Einkaufszentrum laut zu werden beginnt und schon die Gefahr böser Blicke anderer KundInnen droht, gibt man/frau um der Ruhe und der drohenden Blamage willen nach. Das aufbegehrende Kind ist auch gleich zufrieden – bis zum nächsten Mal. Geschäfte und öffentliche Verkehrsmittel bieten diesbezüglich besonders häufigen Anschauungsunterricht.

Es gibt auch Kinder, die unbewusst – nicht aus Bösartigkeit –, eine Schwachstelle ihrer Mutter oder ihres Vaters entdecken: Sobald diese/r ein Nein zur Forderung nach einer teuren Fotoausrüstung, nach dem neuesten Computerspiel oder nach der Barbie-Spezialedition wagt, fühlt sich das Kind falsch behandelt und abgelehnt – und beginnt nun, dem entsprechenden Elternteil mit Mimik, Blicken oder verbal Vorwürfe zu machen: «Die anderen haben das schon lange bekommen.», «Du bist so gemein.», «Dir ist es ja egal, wenn mich die Kolleginnen dann auslachen.», «Du bist knauserig!» Ist die Sache schon weiter fortgeschritten und das Kind schon etwas älter, heißt es dann vielleicht: «Nur weil du selber knapp gehalten wurdest, bekomme ich das nicht.» Und mit noch stärkerer Wirkung: «Du hast mich nicht lieb.» Es braucht hier für Eltern Einiges an Stehvermögen und einen kühlen Kopf, um Ruhe zu bewahren und nicht klein beizugeben, vor allem wenn die Auseinandersetzung lauter und in der Öffentlichkeit abgeht. Beispiel Weihnachten: Peter, 6-jährig, erhält von seinem Patenonkel ein tolles motorbetriebenes Auto. Florian, der um ein Jahr jüngere Bruder, wird wütend und reißt – überschwemmt von starker Eifersucht – Peter das Auto aus den Händen. Er findet Peters Auto viel toller als das Geschenk seines Patenonkels, das er achtlos in die Ecke wirft. Ein heftiger Streit mit lautem Geschrei bricht los: Peter entwendet Florian das Auto, dieser wehrt sich mit Händen, Füssen und mit Kratzen, die Eltern versuchen zu beruhigen, indem sie darauf hinweisen, dass Florian doch auch ein tolles Geschenk bekommen habe - ohne Erfolg. Florian will dasselbe Auto wie sein Bruder. Nach dem für die Eltern endlosen Zeter und Mordio beruhigt sich Florian erst mit dem Versprechen, am nächsten Tag (morgen sind die Läden geschlossen) ein Auto im Spielwarengeschäft auswählen zu dürfen. Florian will natürlich dasselbe Auto wie der Bruder.

Natürlich ist es verständlich und schnell geschehen, die Überbleibsel der Bastel- oder Spielstunden wie auf dem Boden liegende Papierschnipsel oder Legos selber wegzuräumen, statt sich auf unerfreuliche und nervenaufreibende Diskussionen, nicht eingehaltene Versprechungen – «Ich mach' es gleich...», «Ich mach' es später...» –, Streit und Tränen einzulassen. So wird zwar der Konflikt in diesem Fall vermieden, aber nur auf das nächste Mal verschoben, denn ähnliche Situationen lauern überall: Tischdecken, Geschirr abräumen, Spülmaschine bestücken, schmutzige Wäsche in den Waschkorb legen, die Schulmappe aus dem Weg räumen usw.

Verwöhnung kann auch ein unbewusst eingesetztes Mittel darstellen, um eigene Spannungs- und Angstzustände zu reduzieren. Eltern, die Streitereien und andere Konflikte zwischen ihren Kindern schlecht ertragen – vielleicht weil sie in der eigenen Kindheit mit Gewalt von Seiten der Eltern verbunden waren –, setzen mit Verwöhnung dem angstauslösenden Konflikt ein Ende. Hier sind dann **große Harmonisierungstendenzen der Eltern** das Hauptmotiv.

Änderung des kindlichen Verhaltens

Wann immer das Kind wütend, enttäuscht oder bedrückt ist, ziehen die Eltern etwas zur Beruhigung hervor: Geld, einen Schokoladenriegel, das Versprechen, morgen diesen oder jenen Wunsch erfüllt zu bekommen, die Erlaubnis, nochmals eine Stunde Videos zu sehen usw. – irgendetwas, um den heraufziehenden Sturm zu besänftigen. Gefühlsausbrüche können das Bedürfnis der Eltern, alles im Griff zu haben, bedrohen. So lernen die Kinder, sich bestechen zu lassen – und sie lernen nie, mit Wut, Enttäuschung, Bedrücktheit u. a. angemessen umzugehen. Unlust wird von Außenstehenden (meistens) sofort mit einem Lustangebot beiseite geschoben: So macht sich eine verhängnisvolle Lebenshaltung breit, die später unweigerlich auf Widerstand von anderen Menschen stoßen wird, stoßen muss. Das kann eine letzte Chance für solcherart verwöhnte Menschen sein, ihr unangemessenes Lebenskonzept zu hinterfragen.

Sehr wohlhabende Eltern

Kinder übernehmen in solchen Familien häufig die Funktion eines Statussymbols: Man kann mit exklusiv ausstaffierten und ausgerüstetem Nachwuchs nach außen demonstrieren, wie viel Geld man für seine Kinder ausgibt bzw. wie viel Wert diese Kinder für einen haben – nichts ist zu teuer für sie, nur das Beste ist gut genug. Solche Eltern führen u. U. einen aufwändigen Lebensstil, wo nur Bedienstete eine Anstrengung vollbringen müssen. Die Eltern und Kinder sind sich gewohnt, dass alles von außen, von anderen herbeigeschafft, gebracht, gemacht, bestellt, organisiert, weggeräumt usw. wird. Kinder wachsen so früh in eine unrealistische, künstliche und lebensferne Welt hinein, die sie gleichzeitig immer unzufrieden bleiben lässt. Besonders Eltern, die von der Vorstellung eingenommen sind, etwas Besseres zu sein, die einen Dünkel gegenüber dem «Fußvolk», dem «Pöbel», pflegen, vermitteln ihren Kindern solche unbrauchbaren Denk- und Gefühlsmuster. Das Kind übernimmt rasch diesen Familienstil und empfindet seine Sichtweise als völlig normal – es sei denn, es wird einmal später durch Außenstehende und das Leben gezwungen, andere, neue Verhaltensweisen an den Tag zu legen.

Ich möchte am Beispiel von Frau A. die Tragik dieser Art von Verwöhnung kurz beschreiben: Frau A. wuchs in Südafrika als Tochter eines begüterten Industriellen in einer luxuriösen Villa auf. Mehrere Bedienstete, u. a. ein Chauffeur mit Luxuslimousine und Kochpersonal, ein riesiger Swimmingpool vor dem Haus, unendlich Platz und Geld für jeden Wunsch und Luxus waren vorhanden. Frau A. kam zu mir in Beratung wegen folgendem Problem: Nach einigen Wochen gefiel ihr jeweils die Stelle als Sekretärin nicht mehr. Dies wiederholte sich über zehn Mal in wenigen Jahren. Sie empfand die Stellen als langweilig, nerventötend, unfair. Unfair? Ja, und zwar, weil sie immer auf Anweisung der Chefs arbeiten müsse. Sie würde – so meinte sie – lieber den Chefs vorschreiben, was diese zu tun hätten. Sie sah sich eigentlich als Chef. Sie konnte sich an keiner Stelle damit anfreunden, dass sie einen Auftrag von einer anderen, ihr höhergestellten Person, ausführen sollte. Das kannte sie von ihrer Kindheit her nicht: Wenn sie an den elterlichen Swimmingpool kam, warf sie hinter sich die Kleider auf den Boden; die schwarzen Bediensteten mussten jeweils die Kleider auflesen, bügeln und der Tochter aus gutem Hause wieder perfekt zusammengelegt auf einen bereitstehenden Tisch legen. Ebenso ging das mit dem Badeanzug. Gebrauchte

Wäsche, Waschlappen usw. ließ sie im weitläufigen Haus ebenso einfach hinter sich auf den Boden fallen – für die Fortsetzung waren ja die Angestellten da. Auch die Eltern nahmen der jungen Frau alles ab, verteidigten sie bei allen Schwierigkeiten nach außen und vergötterten sie als einziges und hübsches Mädchen. Vor diesem Hintergrund verlief die Kindheit dieser jungen Frau. Als die Familie aufgrund der schlechten Wirtschaftslage in die Schweiz zurückkehren musste, war Frau A. gezwungen, eine Lehre als kaufmännische Angestellte zu absolvieren. Mit großer Not und mit viel Nachhilfe gelang ihr knapp der Abschluss. Anschließend musste sie auf eigenen Beinen stehen und ihr Leben selber verdienen. Darauf war sie nicht vorbereitet. Auch die Beratung bei mir verlief nicht in ihrem Sinn: Statt allen anderen die Schuld zu geben, konfrontierte ich sie mit ihren eigenen Anteilen an den Problemen mit ihren Vorgesetzten, die sie – wie sie selber meinte – fast so häufig wie das Hemd wechseln müsste. Meine Fragen zu ihrem Anteil ertrug sie nicht. Sie hatte gelernt, alle Fehler nur bei den anderen zu suchen – und sie fand sie auch nur bei den anderen. Kein Wunder, dass es ihr auch nie gelang, mit einem Mann in eine nähere Beziehung zu treten: Fast ausschließlich endeten erste Kontakte nach kurzer Zeit, weil die Männer rasch das Interesse an der sehr egozentrischen und nur fordernden Frau verloren.

Sehr jugendliche und unreife Eltern

Diese Eltern sehen im kleinen Kind einen Teil von sich selber und verwöhnen mit dem Kind sich quasi nochmals selber. Meistens liegt hier eine mangelnde Abgrenzung zum Kind vor: Die Rollen «Kind» und «Erwachsene» bzw. «Eltern» sind für sie noch nicht genügend ausgebildet.

Von der Liebe enttäuschte Eltern/Elternteile

Die Mutter oder der Vater überschüttet das Kind mit all den Gefühlen und Sehnsüchten, die eigentlich dem erwachsenen Partner gegolten hätten, von dem sie/er so enttäuscht wurde. Die Mutter erklärt, dass sie sich völlig dem Kind widme. Das Kind avanciert – «Ich habe sonst nichts mehr…» – zur Ersatzfigur für eine zerbrochene Liebesbeziehung. Auch hier liegt zumindest teilweise eine ungenügend ausgebildete Erwachsenenidentität und eine mangelhafte Rollenabgrenzung vor. Verwöhnung kann hier in einer sehr engen, teils pseudo-symbiotischen Beziehung zwischen Kind und Elternteil auftreten und später dem erwachsen gewordenen Sohn oder der Tochter die Ablösung sehr stark erschweren oder gar verunmöglichen. In einigen Fällen kann sich auch eine zunehmende Entfremdung der Mutter zur Umwelt (und zum eigenen Selbst) entwickeln. Das ungleiche «Paar» wird von der Außenwelt als komisch, kauzig wahrgenommen. Im Extremfall bleibt die Tochter/der Sohn sogar lebenslänglich beim Elternteil - häufig aus Schuld- bzw. Abhängigkeitsgefühlen, die über alles liebende und aufopfernde Mutter (oder den Vater) doch nicht einfach verlassen zu können.

Die bisherigen Ausführungen haben gezeigt, wie Verwöhnung häufig aus unbefriedigten Bedürfnissen, ungelösten Persönlichkeitsanteilen und Lebenssituationen der Erwachsenen hervorgeht und weniger mit der Persönlichkeit des Kindes zu tun hat. Kinder lösen verwöhnendes Verhalten eher aus, als dass sie die eigentliche Ursache dafür sind. *Verwöhnung ist ein Verhalten der Erziehenden.* Das ist ein wichtiger Unterschied. Die Konsequenzen aus dieser Einsicht möchte ich im letzten Kapitel näher beleuchten.

Wir können aber durchaus auch begünstigende Bedingungen für Verwöhnung in **eher äußeren Merkmalen** erkennen. Nachfolgend sind einige Beispiele aufgeführt.

Kranke und behinderte Kinder

Bei einem Neugeborenen, das an einem angeborenen Schaden oder einer sonstigen körperlichen oder geistigen Beeinträchtigung leidet, ist es natürlich und verständlich, dass sich Eltern zusätzliche Sorgen machen. Auch die Folgen eines Unfalls oder einer Infektionskrankheit, die sofort nötige Einweisung in ein Krankenhaus u. ä. lösen verstärkt Besorgnis, Angst und Fürsorge bei den Eltern aus. Fatalerweise verstärkt nun die Verwöhnung das Problem des Kindes, da die große Sorge und Aufmerksamkeit das Kind in seinem Gefühl verunsichert und es zum Schluss kommen lässt, besonders unfähig, schwach, mangelhaft, handicapiert zu sein. Sind die Eltern beim Unfall mitbeteiligt, z. B. bei einem Autounfall, spielt die Frage der Schuld eine zusätzliche, verstärkende Rolle, und Eltern laufen Gefahr, die tatsächliche oder eingebildete «Schuld» durch übermäßige Verwöhnung gutmachen zu wollen. Wird das Kind wieder gesund, besteht die Gefahr, dass es um die Aufrechterhaltung der gewohnten Verwöhnung in Form besonderer Aufmerksamkeit, Nachsicht, Privilegien, Mittelpunktstellung usw. kämpft. Unterstützen statt verwöhnen wäre – für beide Seiten – besser.

«Spätentwickler»

Kinder, die sich in bestimmten Bereichen langsamer als der Durchschnitt entwickeln, laufen ähnlich wie kranke und behinderte Kinder Gefahr, übermäßig verwöhnt zu werden. Die Verzögerung der Sprache führt Eltern u. U. dazu, aus subtilsten Ausdrucksformen von Mimik und Gestik des Kindes auch geringstes Wohl- und Missbehagen zu entschlüsseln und sofort darauf zu reagieren.

Beat, ein 6-jähriger, in allen anderen Bereichen normal entwickelter Knabe, spricht kein Wort; die Laute, die er von sich gibt, sind für Außenstehende völlig unverständlich. Die Mutter macht sich große Sorgen, aber der Vater beruhigt sie und meint, er sei auch so gewesen, das hätte Beat von ihm «geerbt» und er sei zudem ein Knabe: Diese hätten sowieso – was statistisch auf eine große Untersuchungszahl bezogen auch stimmt – eine verspätete Sprachentwicklung gegenüber Mädchen. Beats Vater kennt die nicht-sprachlichen Ausdrucksformen seines Sohnes ganz genau und geht meistens sofort darauf ein – er sieht sich in Beat wieder. Beat wird so nicht angehalten, Schritt für Schritt sprechen zu lernen. Erst als zwei Jahre später die Lehrerin nicht mehr bereit ist, diese individuelle «Eigenheit» von Beat weiter zu akzeptieren, merken die Eltern, dass sie etwas unternehmen müssen. Beat erzählte mir viele Jahre später als Erwachsener in der Beratung folgendes: «Ich spürte, wie mich die Eltern auch ohne Worte immer verstanden. Sie lasen meine Befindlichkeiten, meine Wünsche von meinen Augen ab. In der Schule spürte ich erstmals den Druck und ich ahnte nun, dass ich jetzt ohne Sprechen nicht mehr weiterkam. Innerhalb weniger Tage sprach ich völlig normal, wie wenn nichts gewesen wäre und meine Eltern, vor allem der Vater, waren völlig erstaunt über meine sprachlichen Fähigkeiten.»

Spätentwicklung kann auch in anderen Bereichen wie verzögertes Körper- oder Längenwachstum u. a. stattfinden. Es geht selbstverständlich nicht darum, die Entwicklung der Kinder über einen sturen Zeitleisten schlagen zu wollen: Kinder entwickeln sich unterschiedlich rasch und haben auch nicht völlig identische Bedürfnisse.[72] Durch übermäßige Verwöhnung soll aber ein Kind nicht in seiner individuellen Entwicklung zusätzlich von außen gebremst, beeinträchtigt und u. U. psychosozial «handicapiert» werden.

Entwicklungsverzögerungen in vielen Bereichen (häufig Sprache, Motorik, aber auch bezüglich Emotionalität und Sozialverhalten) können schließlich auch eine Folge von Verwöhnung sein, weil Eltern dem Kind zu wenig zutrauen, vom Kind zu wenig erwarten und verlangen. Wenn etwa Eltern das fortgesetzt kleinkindhafte Benehmen des Achtjährigen immer noch herzig und süß finden oder dem Kind nicht individuell angepasste Verantwortlichkeiten zubilligen, zumuten, dann fördern sie – ungewollt – Verzögerungen in der normalen Entwicklung. Aber: Nicht jede Entwicklungsverzögerung steht mit verwöhnender Erziehung im Zusammenhang!

Besonders «schöne» Kinder

Hier findet sich der Stolz der Eltern als ausschlaggebende Ursache für eine verwöhnende Erziehungshaltung. Alles dreht sich um das schöne, süße, herzige Kind; es wird bei jeder Gelegenheit fotografiert und gefilmt, bekommt ständig neue und teure Kleider, es wird mit unverhohlenem Stolz den Verwandten und Freunden präsentiert. Wichtiger als die Übereinstimmung mit dem kulturell orientierten Schönheitsideal ist die von Eltern persönlich, subjektiv empfundene Attraktivität ihres Kindes. Ein solches Kind läuft Gefahr, das Gefühl zu erwerben, ein Pfau, ein kleiner Prinz, ein Pascha, eine kleine Schönheitskönigin, eine Prinzessin zu sein, die keinen Finger mehr rühren muss, weil alle Menschen um sie herumstehen und sie/ihn bewundern. Häufig verwöhnen auch Erwachsene außerhalb der Familie diese ästhetisch besonders wohlgeratenen Kinder, was die problematische Haltung dieser Kinder, ihr einseitig strukturiertes Selbstbild, verstärkt. Besonders «gefährdet» sind je nach Kultur und persönlicher Präferenz blonde und/oder blauäugige Mädchen, Mädchen mit schönen langen Locken, Kinder aus Mischehen (z. B. von einem schwarzen Vater und einer weißen Mutter).

72 vgl. Remo Largo (1999): Kinderjahre. Die Individualität des Kindes als erzieherische Herausforderung. München: Piper.

Elterliche Freude und Stolz sind natürlich und positiv, ungünstig hingegen wirken sich eine «Vernarrtheit», Blindheit, eine übertriebene gefühlsmäßige Bewunderung des Kindes aus. Das Kind lernt so, seinen Wert fast ausschließlich aus seiner «äußeren Hülle» zu beziehen und meint, die permanente Mittelpunktstellung sei normal und erstrebenswert.

Kinder mit einer besonders positiven Ausstrahlung

Die Ausstrahlung kann sich auf die körperliche Seite beziehen (siehe vorheriger Abschnitt), aber auch psychische Merkmale betreffen: Besonders charmante, «positive» und hilfsbereite Kinder sind für Erwachsene besonders angenehm. Solche Kinder lernen z. B. mit Charme und Herzlichkeit, ihr Gegenüber um den Finger zu wickeln, so dass es einem schwer fällt, dem Wunsch des Kindes zu widerstehen. Charme und Herzlichkeit sind sehr hilfreiche und positive Eigenschaften eines Menschen, sofern sie nicht dazu führen, andere auszunutzen oder unangemessene Forderungen durchzusetzen.

Der lang ersehnte Stammhalter

Am Beispiel von Erdal und Anna lässt sich diese Thematik anschaulich darstellen:

Erdal kommt drei Jahre nach Anna zur Welt. Seine türkischen Eltern haben lange auf den Stammhalter gewartet – umso größer ist nun die Freude der patriarchalisch strukturierten Familie und Verwandtschaft. Erdal wird gegenüber Anna in allen Bereichen bevorzugt, er muss beispielsweise im Haushalt – im Gegensatz zu Anna – nie mithelfen. Er ist klar «der Sohn», das Mädchen hingegen nur «die Anna». Die Verwöhnung erreicht einen Höhepunkt, als Erdal 18-jährig wird: Der Vater, Arbeiter in einer Fabrik, kauft ihm einen neuen Audi für rund 30 000 Schweizer Franken. Anna, die drei Jahre zuvor ebenfalls 18 Jahre alt geworden ist und damals kein besonderes Geschenk erhalten hat, begehrt nun bei den Eltern auf. Nach monatelangem Hin und Her entschließt sich der Vater zu folgender Lösung: Er kauft Anna einen alten Gebrauchtwagen, Marke Nissan, mit 80 000 Kilometern für rund 5000 Schweizer Franken.

In separaten Gesprächen mit Erdal und Anna erlebe ich Folgendes: Erdal findet es völlig normal und selbstverständlich, dass sein Vater ihm ein neues Auto gekauft hat; die Reaktion der großen Schwester ist für ihn unverzeihlich: Sie habe ja schließlich auch ein Auto bekommen, obwohl sie das als Frau im Gegensatz zu ihm nicht brauche! Für Anna sieht es etwas anders aus: Sie ist wütend auf den Vater und den Bruder, nimmt aber das Gebrauchtauto an. Die Leserin kann sich selber ausmalen, welches Verhältnis die beiden Geschwister zueinander haben. An diesem Beispiel wird deutlich, wie Verwöhnung auch kulturelle Aspekte (geschlechtsspezifische Privilegien u. a.) beinhalten kann.

Das kostbare Kind

Ein weiterer, eher kulturell-gesellschaftlicher Hintergrund für Verwöhnung liegt in der zunehmenden Verkleinerung der Familie in wohlhabenden Ländern. Die Kinderzahl pro Familie hat in den letzten Jahrzehnten in diesen Ländern fortlaufend abgenommen. Wo nur noch ein (oder manchmal zwei) Kinder vorhanden sind, wird ein Kind zu einem kostbaren, einzigartigen Gut, in das investiert wird. Auch elterliche und verwandtschaftliche Projektionen werden so nicht mehr auf verschiedene Kinder aufgeteilt, sondern konzentrieren sich geballt auf ein oder zwei Kinder. Dieses eine Kind bekommt dann alles an Liebe, Zuneigung, Besorgnis, Ausstattung usw.

Großeltern

Besonders Großeltern, die im Laufe der Jahre milder, großzügiger geworden sind – wenn auch nicht sich selber gegenüber –, sind versucht, aus Stolz, Freude, aus einer selber erlebten Mangelsituation u. a. ihre Großkinder zu verwöhnen: Besonders häufig findet sich hier die Variante der materiellen Verwöhnung. Großeltern freuen sich, wenn sie ihren Enkeln all das bieten können, was ihnen selber früher gefehlt hat, was sie sich vielleicht sehnlichst gewünscht hatten. Jetzt können diese Wünsche über ihre Enkelkinder gestillt werden. Für viele Großeltern ist das eine späte Genugtuung.

Es gibt schließlich auch Bedingungen der Verwöhnung, die aus der Geschwistersituation resultieren. Verwöhnung kann aus spezifischen Bedingungen der Geschwistersituation und Geschwisterposition in der Familie entstehen. Als Beispiele greife ich zwei Geschwisterpositionen heraus, die tendenziell gehäuft anfällig für Verwöhnung sind:

Einzelkind

Einzelkinder sind besonders gefährdet, übermäßig verwöhnt zu werden, wenn:

- die Eltern auf dieses eine Kind eigene Lebenswünsche und Vorstellungen projizieren («Er soll einmal studieren können – bei uns lag das schon finanziell nicht drin.»). Weil nur ein Kind vorhanden ist, werden alle unerfüllten Wünsche der Eltern auf dieses eine Kind konzentriert.
- die Eltern in ihrem eigenen Leben (Partnerschaft, Beruf, Freundeskreis) selber unzufrieden sind und das Kind die Funktion als Lebensinhalt und Glücksbringer übernehmen muss
- die Eltern das Kind nicht rechtzeitig mit andern Kindern (Spielgruppe, Nachbarskinder) vertraut machen und soziale Kontakte außerhalb der Familie fördern. Das ist besonders dann der Fall, wenn die Eltern selber zurückgezogen leben und wenig Außenkontakte pflegen oder wenn sie anderen Menschen eher skeptisch gegenüberstehen.
- die Eltern selber ängstlich im Leben stehen.

Das Einzelkind muss die Aufmerksamkeit, die Zeit, die Spielsachen u.v.m. nicht mit anderen Geschwistern teilen und läuft tendenziell – aber nicht zwangsläufig – Gefahr, seinerseits stärker auf die Eltern und andere Erwachsene ausgerichtet zu sein. Solche Kinder können schon recht bald frühreif, klug, vernünftig usw. sein und – weil das für die Eltern angenehm ist – als «halberwachsene» Gesprächspartner und Zuhörer herangezogen werden. Dies schafft dem Einzelkind eine spezielle und privilegierte Situation, von deren Vorteilen es profitiert und die es nicht so leicht unfreiwillig wieder aufgibt.

Jüngstes Kind («Nesthäkchen»)

Das jüngste Kind ist in der Familie – besonders bei größerem Altersabstand zu den Geschwistern – immer das Kleinste, lange das schwächste Glied. Je nach Situation wird das jüngste Kind mehr bevormundet, herumkommandiert oder man behandelt es als klein, herzig, niedlich, mit besonderer Nachsicht. Dann nehmen ihm Eltern und/oder Geschwister zu viel ab, behandeln es als Spielzeug, als «Baby». Manchmal wird es auch weniger ernst genommen. All dies kann das Minderwertigkeitsgefühl des jüngsten Kindes verstärken.

Übertriebene Verwöhnung zeigt sich beim jüngsten Kind besonders deutlich beim Auszug aus dem Elternhaus: Vielen Eltern, besonders den Müttern, fällt es mehr als bei den vorher ausgezogenen «Kindern» schwer, ihr letztes auch noch «herzugeben», besonders wenn sie zu diesem Kind ein besonders inniges Verhältnis hatten: Die Freundin des Sohnes wird nun sehr kritisch beobachtet, ob sie den Sohn im gemeinsamen Haushalt auch richtig versorgt, bei der Tochter wird speziell geschaut, dass ja alles gut geht mit diesem «neuen Mann». Auch hier gilt: Sorge und einige zwiespältige Gefühle von Seiten der Eltern sind durchaus angemessen und normal, übertriebene Besorgnis und Ängstlichkeit hingegen erschweren die für beide Seiten nötige Ablösung und Neudefinition der Beziehung.

Ich möchte zum Schluss noch **einige typische Situationen** anführen, **in denen häufig verwöhnt wird:**

- **nach akuten Krankheiten und Unfällen**
- **bei starken Konflikten in der Familie und im sozialen Umfeld**
- **bei Zeitdruck**
  Ein Beispiel: Die Mutter sollte dringend aus dem Hause, und das Kind nestelt immer noch umständlich mit seinen Schnürsenkeln herum. Damit die Abfahrt noch pünktlich erfolgen kann und der Bus oder Zug nicht verpasst wird, hilft die Mutter dem Kind – genauer gesagt, sie bindet ihm noch schnell die Schuhe. Allerdings: Bleibt das nicht eine Ausnahme, so kann sich das Problem beim nächsten Mal – und das ist immer schneller als man denkt – wiederholen. So lernt das Kind schließlich, dass die Mutter erstens diese Dienstfertigkeit bestens beherrscht und zweitens bei genügend Geschrei diese unangenehme Aufgabe löst.

- **Wenn sich die Handelnden kritisch beobachtet fühlen**
  Besonders häufig lässt sich dies – wie schon erwähnt – in Einkaufszentren, Läden, in öffentlichen Verkehrsmitteln, in Kindergärten und Kindertagesstätten beobachten.

Das Vorhandensein eines oder mehrerer der hier zusammengestellten Faktoren sagt noch nicht definitiv aus, in welchem Ausmaß Verwöhnung in der Praxis eingesetzt wird. Wichtig sind dabei besonders:

- die **Intensität** (z. B. sehr starke Schuldgefühle der Eltern)
- die **Dauer** (z. B. starke Schuldgefühle über längere Zeit)
- die **Bewusstheit dieser Faktoren** (z. B. vermindert die Bearbeitung von Lebensängsten oder Schuldgefühlen in einer psychologischen Beratung oder eine Erziehungsberatung in den meisten Fällen verwöhnende Tendenzen.)
- das **Vorhandensein mehrerer Faktoren** (eine Kumulation führt verstärkt zu verwöhnendem Verhalten (z. B. Unsicherheitsgefühle und häufiger Zeitdruck und eine unbefriedigende Lebenssituation)
- **gegenwirkende Umfeldfaktoren** (z. B. Austausch mit nichtverwöhnenden Eltern).

Zusammenfassend lässt sich sagen, dass Eltern (oder Lehrpersonen) durch übermäßige Verwöhnung ihres Kindes/Jugendlichen oder Schülers meistens sehr unterschiedliche eigene Bedürfnisse zu befriedigen oder eigene ungelöste Probleme zu lösen versuchen.

Neige ich zur Verwöhnung?

Diese Frage zu stellen lohnt sich für alle Erziehungspersonen. Neige ich dazu aus meiner Persönlichkeitsstruktur, aus meinen eigenen Kindheitserfahrungen? Stelle ich zu hohe oder zu geringe Anforderungen an meine Kinder; wenn ja: Warum ist das so? Hier sind selbstkritische und differenzierte Überlegungen hilfreich. Ein Beispiel: Ein Lehrer, der (zu) hohe Anforderungen mit großer Selbstverständlichkeit stellt und Gefahr läuft, seine Kinder zu erdrücken, wird sich beim Thema Verwöhnung denken, er habe es eben schon richtig gemacht und sich bestätigt fühlen. Es geht daher immer um die *sorgfältige individuelle Einschätzung des Kindes: Was kann es? Was braucht es? Wie viel braucht es?* Davon muss wohl jede Erziehung und Begleitung von Kindern ausgehen – und das sieht bei jedem Kind wieder individuell anders aus. Hierauf die richtige Antwort und das richtige Maß zu finden ist tatsächlich nicht einfach. Mehr dazu finden Sie im Anhang (Fragebogen).

6. Verwöhnung als subtile Form der Kindsmisshandlung?

Ich habe in den bisherigen Darlegungen versucht zu zeigen, wie verhängnisvoll sich eine verwöhnende Haltung gegenüber Kindern und Jugendlichen auswirken kann und wie der verwöhnte Mensch als Erwachsener letztlich im Leben zu kurz kommt, indem er versucht, andere als Verwöhner einzuspannen und sich selber zu verwöhnen (Selbstverwöhnung).

Es wird meistens übersehen, dass verwöhnte Menschen unter ihrem Leben leiden – leiden müssen, weil sie ein unbefriedigendes Leben als «halbierte» Menschen fristen; ihre Lebenskompetenzen sind in verschiedenen Bereichen ungenügend entwickelt. Wenn ich die Auswirkungen von verwöhnender Erziehung mit Definitionen von Kindsmisshandlung vergleiche, liegt der Schluss nahe, Verwöhnung mit Kindsmisshandlung in Verbindung zu bringen.

So definiert Pernhaupt die Kindsmisshandlung wie folgt:

> Misshandlung im weitesten Sinn ist jede gewalttätige oder unnötig einengende Handlung an Kindern oder deren Vernachlässigung, als deren Folge Angst, seelisches Leid und/oder körperliche Verletzung auftreten. Die Misshandlung muss keine sofort feststellbaren seelischen oder körperlichen Spuren hinterlassen; die Auswirkungen einer Misshandlung können auch erst nach einer sehr langen Latenzzeit sichtbar werden.[73]

Verwöhnung beinhaltet als ein klassisches Merkmal die Einengung durch Überbehütung, übermäßige Vorsicht, Abnahme der Aufgaben des Kin-

---

73 Günther Pernhaupt; Hans Czermak (1980): Die gesunde Ohrfeige macht krank. Über die alltägliche Gewalt im Umgang mit Kindern. Wien: Orac Pietsch, S. 86.

des und fördert so zwangsläufig Ängstlichkeit und Unsicherheit. Gerade bei der Verwöhnung ist häufig der seelische Schaden nicht sofort feststellbar, sondern wird durch häufige Wiederholung allmählich verinnerlicht und zu einem lebensstiltypischen Merkmal des Kindes.

Die von den meisten Kinderschutzorganisationen und Kinderschutzgruppen der Universitätskinderkliniken vorgenommene Einteilung der Kindsmisshandlung beinhaltet fünf Bereiche:

1. physische Misshandlung
2. psychische Misshandlung
3. physische und emotionale Vernachlässigung
4. sexuelle Misshandlung
5. Münchhausen Stellvertreter Syndrom.

Starke Verwöhnung müsste m. E. als ein Element in die aufgeführte 2. Kategorie der psychischen Misshandlung aufgenommen werden.

Eine allgemeine Definition des Kinderspitals Zürich (U. Lips 1994) lautet wie folgt:

> Kindsmisshandlung ist die nicht zufällige, bewusste oder unbewusste gewaltsame körperliche und/oder seelische Schädigung durch Personen (Eltern, andere Erziehungsberechtigte, Dritte), Institutionen und gesellschaftliche Strukturen, die zu Verletzungen, Entwicklungshemmungen oder zum Tode führt.[74]

Eine ausgeprägt verwöhnende Erziehung kann zur in dieser Definition aufgeführten seelischen Schädigung und zu emotionalen Entwicklungshemmungen (mangelnde Reife, infantile Erwartungshaltung gegenüber Mitmenschen, verzerrtes Selbst- und Fremdbild, vermindertes Selbstwertgefühl, übergroße Ängste und Misstrauen usw.) führen und müsste deshalb – wie schon erwähnt – als eine spezielle Variante der psychischen Misshandlung aufgeführt werden.

Auch Rüedi sieht in seiner breitangelegten Untersuchung zu Alfred Adlers Pädagogik Zusammenhänge zwischen Verwöhnung und Gewalt. Für ihn lösen sich die Grenzen zwischen Verwöhnung und Gewalt dort

74 Ulrich Lips (1994): Unterlagen der Kinderschutzgruppe. Zürich.

auf, wo bei der Verwöhnung der Zwang, die Bevormundung, die Entmündigung und das Abblocken eigener Leistungen, eigener Erfolge, im Vordergrund stehen.[75]

S. N. Hart hat in den USA ein nationales Projekt über psychische Misshandlung geleitet. In seinem Übersichtsartikel *Der Kern des Kindsmissbrauchs* listet er u. a. folgende negative Konsequenzen für die Entwicklung des Kindes auf: Negative intrapersonelle Gedanken, Gefühle und Verhalten, emotionale Probleme (u. a. Instabilität, Probleme mit der Impulskontrolle, Substanzenmissbrauch, mangelnde Empathie, Essstörungen), unangepasstes Sozialverhalten (u. a. Bindungsprobleme, niedrige Sozialkompetenz, Abhängigkeit, Aggressivität, Selbstisolation), Lernstörungen.[76] Offensichtlich leiden verwöhnte Menschen zum Teil unter ganz ähnlichen Symptomen wie psychisch misshandelte Menschen. Psychische Misshandlung und Verwöhnung lassen sich als zwei sich teilweise überschneidende Kreisflächen darstellen. Selbstverständlich hat nicht jede verwöhnende Erziehung den Charakter einer psychischen Misshandlung und umgekehrt; aber gleichwohl lässt sich beobachten, dass eine stark verwöhnende Erziehung häufig Symptome einer psychischen Misshandlung bewirkt.

Die Psychologin C. Greber, Mitarbeiterin beim Kindernotruf Lausanne, stellt fest:

> Das Schlüsselelement, das hinter allen Fällen von psychischen Misshandlungen steht, ist der fehlende Respekt vor dem anderen. Wer anerkennt, dass andere Menschen andere Sichtweisen und Bedürfnisse haben, läuft kaum Gefahr, Aktor zu werden. Das gilt für Eltern wie auch für alle anderen potenziellen MisshandlerInnen.[77]

Diese Aussage trifft den Kern des Problems: Verwöhnenden Erwachsenen fehlt der Respekt, der Blick für die wirklichen Bedürfnisse des Gegenübers. Sie verletzen ungewollt und unbewusst die seelische Integrität

75 Jürg Rüedi (1988): Die Bedeutung Alfred Adlers für die Pädagogik. Eine historische Aufarbeitung der Individualpsychologie aus pädagogischer Perspektive. Bern: Haupt, S. 293.

76 Stuart N. Hart (1999): Der Kern des Kindsmissbrauchs. Wenn Worte schlimmer verletzen als Schläge. In: *Psychoscope* Nr. 5, Bern, S. 4–8.

77 Christa Greber (1999): Respekt ist nicht relativ. Psychische Misshandlung in der Praxis. In: *Psychoscope* Nr. 5, Bern, S. 9.

ihres Kindes oder Jugendlichen. Montessori sieht die zentrale Aufgabe der Erwachsenen Kindern gegenüber in der prägnanten Formel ‹Hilf mir, es selbst zu tun›. Verwöhnung hingegen beinhaltet unangemessene und überschießende Hilfeleistung, unangepasste Entlastung, Entmündigung und trägt dazu bei, dass das Kind seine Sache eben gerade nicht tut.

Auch andere AutorInnen sehen einen Zusammenhang zwischen Verwöhnung und Kindsmisshandlung. So spricht C. Heyne in ihrer Untersuchung von «Überbehütung» statt «Verwöhnung» und klassifiziert diese als eine versteckte Form von Kindsmisshandlung: Sie ist eine Form indirekter Aggression, die das Kind immer kleinhält und die Mutter (es kann auch der Vater oder eine andere Bezugsperson sein!) als Herrscherin erscheinen lässt. Neben den schon beschriebenen Auswirkungen zeigt Heyne als weitere Folgen destruktive Aggression (die mangelnde Übung fördert leicht Misserfolgserlebnisse) sowie die Chance der Vereinnahmung gegenüber Stärkeren (Unterwerfungsbereitschaft bei Stärkeren), aber auch Herrschsucht bei Schwächeren.

Claudia Heyne stellt in ihrem Buch *Täterinnen* interessante Zusammenhänge zwischen verwöhnender Erziehung und Misshandlung des Kindes dar. Unter der Überschrift *Das Kind als ewiges Kleinkind – die Mutter als Herrscherin* schreibt sie:

> Ganz offensichtlich ist die Macht der Mutter um so größer, je abhängiger und unselbständiger das Kind ist, je mehr es also unmittelbar auf seine Mutter angewiesen bleibt. Die Fixierung des Kindes auf die Kleinkindstufe stellt daher für eine narzisstisch ausbeutende Mutter eine gute Möglichkeit der Herrschaftssicherung dar. Eine solche Mutter tut alles für ihr Kind, nimmt ihm alles ab und steht ihm ganz und gar zur Verfügung. Weit über das angemessene Alter hinaus hält sie an nun unangemessenem Pflegeverhalten fest; sie lässt das Kind nicht die kleinste Entscheidung selbständig treffen, kontrolliert es in jeder Hinsicht einschließlich seiner Körperfunktionen, bewacht es auf Schritt und Tritt und isoliert es von gleichaltrigen Spielkameraden. Ihr Kontakt zum Kind ist exzessiv und von übertriebenen, von seiten des Kindes unerwünschten Zärtlichkeiten durchzogen. Die sexuellen Regungen des Kindes werden hingegen rigoros unterdrückt, da sie ebenso wie aggressive Regungen Abgrenzung zum Ausdruck bringen.
>
> Die Mutter vermittelt dem Kind ein Gefühl tiefer Unzulänglichkeit, indem sie ihm permanent demonstriert, dass es ohne sie nicht zurechtkommen kann. Die Botschaft lautet: Du brauchst mich, ohne mich bist du nichts. Die Aufopferung und Selbstaufgabe, die diesen Müttern zu eigen ist, hat letztlich die Funktion, bleibende Abhängigkeit zu schaffen; sie ist Mittel zur Unterwerfung des Kindes und steht im Dienste der Machtausübung und Herrschaftssicherung. Das Kind wird aufgrund dieser Erfahrungen zwangsläufig

> Minderwertigkeitsgefühle entwickeln, wenig Selbstvertrauen besitzen und sich passiv und hilflos verhalten; die Erfahrung ausgeprägter Abhängigkeit, Ohnmacht und Vereinnahmung wird gleichzeitig destruktive Aggressionen erzeugen, die es jedoch nicht in offener, sondern nur in verdeckter Form wird äußern können, da jede offen aggressive Abgrenzung ihm verboten ist. Es wird voraussichtlich die Neigung haben, sich Stärkeren zu unterwerfen, Schwächeren gegenüber jedoch auf die gleiche Art zu herrschen, wie die Mutter dies ihm gegenüber seinerzeit tat; dabei wird es in Verkennung seines verdeckt aggressiven Verhaltens sich selber nur als Opfer wahrnehmen können, das von seiner eigenen Friedfertigkeit zutiefst überzeugt ist.
>
> Trotz ihrer gesicherten Herrschaftsposition steht aber auch die Mutter vor einem Dilemma, das Ambivalenz und destruktive Aggression dem Kind gegenüber mit sich bringt: Sie muss einerseits Abhängigkeit erzeugen, um sich die Bewunderung und Anerkennung des Kindes bleibend zu sichern, steht andererseits aber vor dem Problem, dass die restlose Unterwerfung des Kindes dessen Persönlichkeit auf eine Art und Weise vernichtet, die Anerkennung unmöglich macht: Echte Anerkennung kann nur geben, wer sich in Freiheit dazu entschließt, und gerade diese Freiheit hat das Kind nicht. Manipulierte und erzwungene Anerkennung aber ermöglicht letztlich keine Aufwertung.[78]

Wir erkennen hier eine besondere Form der Verwöhnung, einen aggressiven Modus, der durch eine Persönlichkeitsstörung der Mutter hervorgerufen wird. Die Mutter versucht unbewusst mit der Verwöhnung ihre eigene, ungeklärte Problematik zu lösen, was natürlich nicht gelingt und zusätzlich zu Lasten des Kindes geht. Das autoritäre Wesen und die latent vorhandene Gewalt dieses Erziehungsstils zeigt sich auch darin, dass die Eltern, indem sie dem Kind alles abnehmen und aus dem Weg räumen, ihm gleichzeitig jede Möglichkeit der eigenen und selbstinitiierten Entwicklung verwehren. Die Besorgnis, dass sich das Kind ja nicht erkältet, nicht verletzt, ja genügend und das Richtige isst, nicht von Lehrpersonen überfordert wird, nicht mit Unangenehmem und Bösem konfrontiert und dadurch vom Leben verschont und ferngehalten wird, ist eine letztlich diktatorisch-lenkende Haltung, die als gewaltausübend bezeichnet werden muss.

78 Claudia Heyne (1993): Täterinnen. Offene und verdeckte Aggression von Frauen. Zürich: Kreuz, S. 348–349.

Unter dem Titel *Überbehütung als Form der Kindesmisshandlung* schreibt Heyne weiter:

> Auch Vernachlässigung und Verwahrlosung im Verhältnis zu Kindern stellen eher indirekte Äusserungsformen destruktiver Aggression dar, sind wegen ihrer emotional negativen Tönung aber dennoch leichter aggressiven Gefühlen und Impulsen zuzuordnen als das Phänomen der Überbehütung und Überversorgung von Kindern, das nach Meinung des Deutschen Kinderschutzbundes «misshandelnden Charakter annehmen [kann] und eine Schädigung der kindlichen Entwicklung bedeutet».
>
> Der Überbehütung liegt – ebenso wie perfektionistischen Ansprüchen – oft eine negative Einstellung zum Kind zugrunde: In Umkehr dieser nicht bewussten, uneingestandenen Ablehnung unterliegt die überbehütende Mutter der Zwangsvorstellung, dass ihrem Kind ständig äußere Gefahren drohen, vor denen sie es schützen muss. Es handelt sich bei diesem Vorgang also um einen nach aussen verlagerten Kampf gegen die eigenen Aggressionen.
>
> D. M. Levy nennt folgende Merkmale, die für das Verhalten überbehütender Mütter typisch sind: exzessiver Kontakt zum Kind, das Kind wird überdurchschnittlich lange in kleinkindlicher Obhut behalten, Versuch, das Kind in besonderer Abhängigkeit zu behalten, sowie ein Übermaß an Kontrolle oder aber das Fehlen jeglicher Kontrolle.
>
> Findet sich ein Übermaß an Kontrolle – werden dem Kind also sehr enge Grenzen bezüglich seiner inneren und äusseren Autonomie gesetzt –, so behandelt die Mutter das Kind, als wäre es ein Teil ihres Selbst, über den sie beliebig verfügen kann. Fehlt hingegen jede Kontrolle – setzt sie dem Kind also gar keine Grenzen –, so behandelt sie sich selber, als wäre sie ein unabgegrenzter Teil des kindlichen Selbst, über den das Kind beliebig verfügen kann. In beiden Fällen handelt es sich um eine Grenzfindungsproblematik, die zur Folge hat, dass Grenzen missachtet und verletzt werden. Da rigide Grenzen und fehlende Grenzen letztlich zwei Seiten derselben Medaille sind, kommt es zudem zu sprunghaften Wechseln zwischen einem Übermaß an Kontrolle und grenzenloser Nachsicht – eine Situation, die für das Kind in hohem Maße verwirrend ist und sich auf seine Entwicklung schädigend auswirkt.
>
> Überbehütung und -versorgung machen dem Kind altersgemässe Erfahrungen der Abgrenzung schwer bis unmöglich, schaffen extreme Abhängigkeiten und beschneiden das Kind in seiner inneren und äußeren Autonomie. Die Persönlichkeit des Kindes wird in ihrer Entfaltung behindert und im Extremfall zerstört. Ich sehe Überbehütung als eine jener Formen indirekter Aggressivität, die ihrem äußeren Erscheinungsbild nach das gerade Gegenteil der Destruktivität – nämlich Liebe – zu sein scheint und deshalb nur schwer zu identifizieren ist.[79]

79 ebd., S. 106–108.

Ich gehe mit Heyne allerdings nicht einig, dass der Überbehütung oft eine negative Einstellung zum Kind zugrunde liegt. Das Gegenteil ist häufiger der Fall: Mütter und Väter wollen das Beste für das Kind und sehen dieses als verletzliches Wesen in einer stürmischen Welt. Daneben stehen bei diesem Modus der Verwöhnung als weitere Ursachen eigene unbewusste/uneingestandene Lebensängste und perfektionistische – in der eigenen Sozialisation verinnerlichte – Vorstellungen zugrunde.

Der Zusammenhang von Verwöhnung und Gewalt kann aber auch viel offensichtlicher sein: So verwöhnen Eltern bis zur Schulzeit ihre Kinder sehr stark, verlangen dann aber – «wenn es ernst wird!» – höchste schulische Leistungen und Toperfolge. Dieser paradoxe Erziehungsstil überfordert die Kinder und Jugendlichen meistens. Wenn dann die erwarteten Erfolge und Resultate ausbleiben, reagieren die vorher verwöhnenden Eltern mit Formen unterschiedlichster Gewalt: Massive Drohungen, Geldentzug, Liebesentzug, emotionale Abwendung und Ablehnung, Schläge usw. Mit ihrem verwöhnenden Verhalten versuchten die Eltern unbewusst die erhofften Spitzenleistungen vorzubereiten: Dem Kind sollte es an nichts fehlen, es sollte optimalste Bedingungen des Aufwachsens vorfinden. Dafür würde – genauer musste – es später reüssieren, brillieren. Dieser Typus von Verwöhnung findet sich gehäuft bei sehr ehrgeizigen und wohlhabenden Eltern (vgl. dazu auch in Kap. 5 den Abschnitt «Sehr wohlhabende Eltern», S. 103 f.).

Ich behandle seit vielen Jahren in meiner Lehrtätigkeit und in Fortbildungen das Thema Verwöhnung. Nach einem solchen Unterrichtsblock überreichte mir eine Studentin spontan den folgenden Text, der für mich eine vorzügliche Zusammenfassung der Thematik darstellt:

Rezept zur Verwöhnung

Man nehme dem Kind alles ab, erfülle ihm alle Wünsche, mische dies mit Überbesorgnis und lasse sich vom Kind unter Druck setzen. Bei kräftigem Schütteln erhältst Du ein unselbständiges, hilfloses, voller Minderwertigkeitsgefühle und Abhängigkeitsgefühle steckendes Kind.

7. Fallbeispiel: Ein extrem verwöhntes Einzelkind

Kurze Vorgeschichte

Daniela B. wuchs in einer sehr vermögenden Akademikerfamilie auf. Die Eltern, beide ehrgeizige Anwälte, kamen erst spät zu Kindern: zuerst ein Sohn, drei Jahre später noch eine Tochter. Das Familienglück schien perfekt, doch einen Monat nach der Geburt der Tochter starb der Sohn binnen kurzer Zeit an einem bösartigen Tumor. Alle Aufmerksamkeit, Zuwendung, Sorge und Hoffnung richteten sich nun auf Daniela. Die Mutter reduzierte ihr Arbeitspensum massiv, um möglichst viel Zeit für ihr einziges Kind zu haben, und auch der Vater ging ganz in der Sorge um seine Tochter auf. Daniela war ein bildhübsches Kind mit glänzend-schwarzen Locken. Sie wurde für ihre Eltern zum Ein und Alles. Jeder nur schon angedeutete Wunsch ging für Daniela in Erfüllung. Die Eltern taten alles für sie, schoben sämtliche Hindernisse aus dem Weg, ließen sie mehrmals von verschiedensten Spezialisten auf ihre Gesundheit untersuchen und vergötterten ihr Kind über alle Maßen. Trotz einer massiv verwöhnenden Erziehung absolvierte Daniela die Schulen und eine anschließende Lehre als Dekorateurin – allerdings nur dank mehrerer Interventionen der Eltern und zwei Schulwechseln mit anschließendem Besuch von teuren Privatschulen – mit einem akzeptablen Abschluss. Dabei fiel sie schon als Kind und verstärkt als Jugendliche durch ihre egozentrische und arrogante Art negativ auf. Dieser Charakterzug sollte sich noch weiter verstärken. Bei Konflikten mit KlassenkameradInnen oder Lehrpersonen gaben ihre Eltern immer diesen die Schuld; Daniela fühlte sich immer als ungerecht behandeltes Opfer.

Nach der Lehre arbeitete sie mit mäßigem Erfolg, wechselte aber immer häufiger die Stelle, weil sie mit der Arbeit unzufrieden war und mit ihrem Benehmen zunehmend auf Ablehnung stieß. Sie wohnte weiterhin im luxuriösen Elternhaus, wo sie sich – dank der Mutter und dem Hauspersonal – um nichts kümmern musste.

Auswirkungen auf das weitere Leben

Beziehungen zu Männern lösten sich nach kurzen fulminanten Starterfolgen bald wieder auf: Trotz ihrer äußeren Attraktivität gelang es ihr nicht, Männer für sich zu gewinnen. Ein Mann sagte ihr einmal bei der Trennung, sie sei zwar sehr schön, aber als Mensch unausstehlich und völlig ichbezogen.

Der plötzliche Tod der Eltern bei einem tragischen Autounfall änderte Danielas Leben. Sie verblieb nun allein in der Villa ihrer Eltern und war auf einen Schlag reich und finanziell für den Rest ihres Lebens unabhängig. Nach kurzer Zeit gab sie nach einer Auseinandersetzung mit einer Mitarbeiterin ihre Berufstätigkeit ganz auf und widmete sich ausschließlich ihrem Privatleben.

Schon immer gewohnt, alles zu bekommen, ohne etwas beizutragen, verlor Daniela durch den Tod der Eltern bald auch die letzten näheren Kontakte zu anderen Menschen. Die Eltern hatten jeweils interessante KünstlerInnen, GaleristInnen, MusikerInnen, SchriftstellerInnen und BerufskollegInnen nach Hause eingeladen. Allein war Daniela unfähig, selber neue, eigene Beziehungen zu knüpfen, aufzubauen und zu pflegen. Sie vereinsamte zunehmend, da es ihr auch nicht gelungen war, aus ihrer Schul- und Lehrzeit auch nur minimale Kontakte oder gar Freundschaften aufrechtzuerhalten. Ein bequemer Tröster wurde das Essen. Mit immer größeren Mengen an exklusivsten Speisen und Süßigkeiten, die sie sich via Hauslieferdienst kommen ließ, kompensierte sie ihre Einsamkeitsgefühle, Gefühle der Unzufriedenheit und der Leere. Schließlich wurde aus dem ehemals schlanken, hübschen Mädchen eine massiv übergewichtige, bei der geringsten körperlichen Tätigkeit schwer atmende Frau. Ohne Schwierigkeiten verzehrte sie an einem Nachmittag allein eine ganze Rahmtorte, dazu noch süßes Gebäck – nach einem reichhaltigen Menü!

Der verwöhnte Lebensstil von Daniela zeigte sich auch in einer extremen Bewegungsarmut. Jeden noch so kurzen Gang unternahm sie mit dem Auto, bald klagte sie schon über die weiten Fußdistanzen im Einkaufszentrum. Besorgungen in der Stadt unternahm sie prinzipiell nur mit dem Auto: War kein Parkplatz für sie *direkt* beim Markt, *neben* dem Antiquitätengeschäft oder *vor* der Tür zum Delikatessenladen frei, ärgerte sie sich über die anderen Autos, die ihr keinen Platz frei ließen. Parkgebühren fand sie ebenfalls eine Frechheit: sie zahle ja schließlich Steuern. Jeden Schritt zu Fuß empfand sie als Zumutung, als Belästigung, als riesige Anstrengung.

Erste gesundheitliche Probleme führten sie schließlich zum Hausarzt: Der empfahl ihr mehr körperliche Aktivität und eine angepasstere Ernährung. Empört über derartige Zumutungen wechselte sie rasch den Arzt. Beim nächsten Arzt gelang es ihr besser, ihre Wünsche durchzusetzen: Neben einigen kurzen und allgemeinen Anregungen zu einer gesunden Lebensweise erhielt sie auf ihr Drängen ihre gewünschten Spezialkapseln. Freudestrahlend erzählte sie dem Arzt: «Jetzt muss ich auf nichts verzichten, ich brauche nur die Kapseln einzunehmen und verliere so meine überschüssigen Kilos!» Natürlich war der Erfolg gleich null. Aber Daniela hatte nun wenigstens das Gefühl, sie hätte etwas gegen ihr Übergewicht unternommen. Schuld am Misserfolg seien eben die unwirksamen Kapseln. Also verschrieb der Arzt auf ihr Bitten und Drängen andere Tabletten.

Daniela vereinsamte immer mehr, ihre egozentrische und zuweilen rücksichtslose, unfreundliche Art Nachbarn und den wenigen Bekannten gegenüber stieß alle ab. In ihrem Dorf wurde über sie getuschelt, sie galt als unmögliche Person, als Schreckfigur. Auch in den Einkaufsgeschäften kannte man sie rasch als nie zufriedene, immer Extrawünsche und Spezialbehandlungen einfordernde Kundin. In der Metzgerei oder der Post in die Reihe zu stehen, kam für sie nicht in Frage. Sie preschte einfach vor; Zurechtweisungen von KundInnen oder den Bedienenden verstand und ertrug sie nicht. Ihr ungeschickter Umgang mit Menschen manifestierte sich auch im Verkehr mit Handwerkern, Getränke- und Lebensmittellieferanten. Schließlich wollte niemand mehr etwas mit ihr zu tun haben. Aus der Sicht von Daniela hatte sich die ganze Welt gegen sie verschworen. Im Sinne der selbsterfüllenden Prophezeiung reagierten die Menschen auf Daniela immer negativer, je rücksichtsloser sie agierte: ein Teufelskreis.

Daniela zog sich noch mehr zurück und begann langsam, Wahnvorstellungen zu entwickeln: Sie fühlte sich von allen Menschen verfolgt, beobachtet, falsch behandelt, betrogen. Bei den ganz selten gewordenen Einkäufen sprach sie laut mit sich selbst, antwortete ihren Stimmen, verkannte Personen und schrie unbekannte Leute an. Als sie einmal mit einem Schirm auf einen unbeteiligten Passanten und dessen Kinderwagen eindrosch, wurde die Polizei gerufen. Sie tobte, hörte Stimmen – der Notfallpsychiater wurde beigezogen und Daniela landete schließlich in der psychiatrischen Klinik. Dort lernte ich sie im Rahmen meines letzten klinischen Praktikums kennen. Leider verschlimmerte sich ihr Zustand rasch, da ihre negative Grundhaltung gegenüber den Menschen, auch gegenüber dem leitenden Arzt und mir, kombiniert mit ihren akuten Wahnvorstellungen zusammentraf. Sie war für keinerlei Gespräche oder Angebote zu gewinnen; nur das Essen ließ sie sich nicht nehmen. Erste suizidale Tendenzen nahmen rasch überhand, und während eines Wochenendes in der geschlossenen Abteilung, als die Dienst habende Schwester einen Moment unaufmerksam war, nutzte Daniela die Gelegenheit, schlich sich aus der üblicherweise geschlossenen Abteilung, öffnete ein Fenster und stürzte sich vom 4. Stock direkt in den Tod: Sie fiel so unglücklich auf eine Eisenstange, dass sie am Unfallort verstarb.

Während des Klinikaufenthaltes wurde Daniela von keinem einzigen Angehörigen, von keiner einzigen Bekannten besucht. Sie erhielt nur abonnierte Post.

Damit man mich richtig verstehe: Dieses kurze Beispiel soll nicht dazu dienen, alle Schwierigkeiten von Daniela oder eines anderen Menschen oder gar sämtliche psychische Störungen auf eine verwöhnende Erziehung zurückzuführen. Monokausale Erklärungsmuster sind meistens vereinfachend und falsch. Das obige Beispiel zeigt vielmehr verkürzt und in Ausschnitten die nicht zu übersehenden negativen Einflüsse einer verwöhnenden Sozialisation – und es beleuchtet das tragische Leben eines Menschen, der seinen verwöhnten Lebensstil nicht zu ändern vermochte.

Ich werde diesen traurigen «Fall» nie vergessen.

8. Statt Verwöhnung: Einsichten, Anregungen, Umgang, Konsequenzen

Ich werde in diesem letzten Kapitel weder Rezepte abgeben noch Checklisten oder Tests zur Verwöhnung aufführen: So verführerisch und eingängig solche Angebote sind – der reale Nutzen ist meistens gering, der persönlich vorliegende Fall schließlich doch immer ein individueller. Stattdessen sollen einige wichtige Erkenntnisse aus der Entwicklungspsychologie und den Erziehungswissenschaften auszugsweise einfließen und Anregungen sowie Konsequenzen daraus abgeleitet werden. Wer sich noch eingehender – vor allem mit den eigenen Anteilen verwöhnenden Verhaltens – beschäftigen möchte, findet im Anhang zwei Fragebogen, die sich in Fortbildungen und Kursen bewährt haben.

Was heißt Erziehen?

Zu dieser Frage sind schon unzählige Bücher geschrieben und veröffentlicht worden. Je nach persönlichem, zeitgeschichtlichem und fachlichem Hintergrund fällt die Antwort entsprechend aus.

Der Pädagogik-Professor A. Flitner stellt in seinem sehr empfehlenswerten Buch *Konrad sprach die Frau Mama... Über Erziehung und Nicht-Erziehung* (1986)[80] sein Konzept einer kindgemäßen Erziehung – in Abgrenzung zur «Schwarzen Pädagogik» und der Antipädagogik – unter dem Titel *Die unerlässlichen Aufgaben der Erziehung* vor. Seine drei The-

80 Andreas Flitner (1986): Konrad, sprach die Frau Mama. Über Erziehung und Nicht-Erziehung. München: Piper, S. 83 ff.

sen sind hilfreich, anschaulich, übersichtlich und entwicklungspsychologisch sowie erziehungswissenschaftlich fundiert. Ich habe deshalb die wesentlichen Gedanken von Flitner kurz zusammengefasst erläutert.

1. *Behüten des Kindes. Auswahl seiner Lebenswelt, emotionale Sicherung, erfahrbares Milieu, abschirmen, behüten und freigeben.* Es gilt hier klar zu unterscheiden zwischen Verwöhnung und situationsgemäßem Schutz und Zuwendung. Schutz und Zuwendung orientieren sich am individuellen Kind und seinen Entwicklungsschritten, seinen Erfahrungen und Möglichkeiten, seinen Grenzen und Bedürfnissen. Im Zentrum stehen das Vermitteln von Sicherheit, Geborgenheit, Vertrauen, Verlässlichkeit, aber auch das Zulassen wichtiger Erfahrungen von Freiheit, Exploration, Abgrenzung, Eigenständigkeit.

2. *Gegenwirken gegen Einflüsse von außen oder Neigungen von innen, die dem weiteren Leben des Kindes schädlich sein können; Grenzziehung.* Eltern und Lehrpersonen müssen klar auch Grenzen setzen, um das Kind vor Gefahren zu schützen, die es selber nicht abwenden kann oder die es überfordern. So sind nicht alle Fernsehsendungen für Kinder gleichermaßen geeignet, und viele Wünsche können nicht berücksichtigt werden. Ein Griff in den Giftschrank kann bei einem Vorschulkind tödliche Folgen zeitigen.

3. *Unterstützen seiner individuellen und sozialen Entwicklung; verstehen, einfühlen in seine Lebenswelt, ermutigen.* Dazu gehört u. a. auch die Aufgabe der Erziehungspersonen, dem Kind und Jugendlichen das Gefühl zu vermitteln, etwas selber erreichen zu können, etwas Wichtiges zu leisten. Sowohl verwöhnte Kinder wie Erwachsene leiden an einem Mangel an Mut und Zuversicht. Eine wichtige Aufgabe von Erziehung und Begleitung liegt in der angemessenen Ermutigung (vgl. dazu den Abschnitt über Ermutigung in diesem Kapitel).

Unterstützung statt Einschränkung

Krohne/Hock[81] haben in einer interessanten Studie den Einfluss der elterlichen Erziehung auf die Angstentwicklung des Kindes untersucht und dargestellt. Eine ermutigende, unterstützende Haltung fördert tendenziell die Entwicklung des Kindes, eine stark einschränkende hemmt sie. Spannend dabei ist, wie weit einschränkendes Erzieherverhalten mit Verwöhnung übereinstimmen. Die nachfolgende Gegenüberstellung eines unterstützenden (ermutigenden) bzw. einschränkenden (entmutigenden) Erziehungsstils macht auf anschauliche Weise nochmals deutlich, wie negativ sich verwöhnendes Verhalten auswirken kann und welche Alternativen dazu bestehen. Selbstverständlich gehören zu jeder Erziehung auch Grenzen, Regeln, Beschränkungen.

Unterstützung zeigt sich:

bei explorierendem Verhalten	• im Interesse der Eltern an der Tätigkeit des Kindes (Freude der Eltern an der Neugier und dem Erkundungsverhalten statt Angst) • in der Betonung des Anreizcharakters der kindlichen Tätigkeit («lässiges Spiel») • in der Bereitstellung von (nicht Überhäufung mit) Materialien (z. B. Spielzeug) bzw. im Schaffen von Situationen, die die Erprobung von Fertigkeiten und Techniken gestatten • In der Gewährung von Selbständigkeit bei der Erprobung von Fertigkeiten und Techniken (dem Kind

81 vgl. Heinz W. Krohne; Michael Hock (1994): Elterliche Erziehung und Angstentwicklung des Kindes. Bern: Huber, S. 56–57.

	wird Freiraum gewährt und Zutrauen geschenkt).
beim Vorbereitungsverhalten	• in der Mithilfe beim Üben von Fertigkeiten und Techniken (mithelfen heißt nicht übernehmen/abnehmen!)
	• in der Respektierung von Entscheidungen des Kindes hinsichtlich der Gestaltung des Problemlöseversuchs
	• in der Mithilfe bei der Strukturierung des Problems (keine Denk- und Organisationshilfe)
	• in der Stärkung der Erfolgszuversicht («Das wird dir gelingen.»).
beim Bewältigungsverhalten	• im Aufbrechen negativer «Sets» bzw. Motivation (Ermutigen und Trösten)
	• in der Betonung der Problemlösekompetenz des Kindes («Das kannst du.» «Ich glaube an dich.» «Du hast schon viel gelernt.»)
	• in der Mithilfe bei der Umstrukturierung der Situation (kleine Denkhilfe)
	• im Erinnern an früher vollzogenes entsprechende Verhalten bzw. an bereits beherrschte Regeln («Weißt du noch letztes Mal: Da ist es dir auch gelungen!»)
	• im Bereitstellen allgemeiner Lösungsregeln.

Einschränkung zeigt sich:

bei explorierendem Verhalten	• in der Behinderung bzw. Vereitelung spielerischer und exploratorischer Aktivitäten des Kindes • in der Abwertung dieser Tätigkeiten («Das ist viel zu gefährlich.» «Das ist dumm.») • im Fernhalten von Materialien und Situationen, die die Erprobung von Fertigkeiten und Techniken gestatten würden (zu viele Verbote) • in der Ausrichtung der Vorstellungen des Erziehers • bei der Erprobung von Fertigkeiten und Techniken (zu viele Gebote).
beim Vorbereitungsverhalten	• im Einüben der Beherrschung vorgegebener Inhalte • im Vorschreiben des Ablaufs und der Gestaltung des Problemlöseversuchs • in der Vermittlung festgefügter Problemlöseschritte • in der Übernahme der Strukturierung des Problems durch den Erzieher • in der Minderung der Erfolgszuversicht.
beim Bewältigungsverhalten	• in der Abwertung der bisherigen Lösungsversuche des Kindes • in der Abwertung der Kompetenz des Kindes

- in der Übernahme der Neustrukturierung des Problems durch den Erzieher
- im Antreiben und Drohen beim Problemlöseversuch
- im Eingreifen bei der Lösungsaufgabe.

Erziehen ohne verwöhnen

In der pädagogischen Literatur lassen sich unüberschaubar viele Auffassungen von Erziehung finden. Ich habe aus den vielen Definitionen zur Erziehung eine persönliche und knappe Version entwickelt. Sie lautet: «Erziehung ist die an Aufklärung und Mündigkeit orientierte Reaktion der Gesellschaft auf die Tatsache, dass Menschen sich im Laufe ihres Lebens entwickeln.»

Mit einer solchen Grundhaltung wird schon das kleine Kind als Person ernstgenommen; die permanente Zielorientierung bleibt die Mündigkeit, der Orientierungsrahmen ein aufgeklärtes Menschen- und Weltbild, der Entwicklungsgedanke die leitende Einsicht. Hier hat es keinen Platz für verwöhnende, entmündigende und entmutigende Praktiken.

Wunsch legt eine ähnliche Erziehungsdefinition vor: «Erziehung ist Anregung und ermutigende Hilfe für Kinder und Jugendliche durch Eltern und andere Erwachsene. Sie umfasst alle Bestrebungen, die zu einem selbständigen und eigenverantwortlichen Leben in der Gesellschaft führen.» [82]

Hier wird zusätzlich die Eigenverantwortung betont sowie die Rolle anderer Erwachsener berücksichtigt.

Erziehung ist von Anfang an ein wechselseitiger Austausch, Teilhabe, ein Nehmen und Geben. Kinder und Jugendliche sind weder Pensionsgäste noch Königskinder, sondern Mitspieler in einem komplexen Sozialgefüge.

Wichtig für eine gesunde psychische wie körperliche Entwicklung sind Tätigkeiten und Arbeiten, die das Kind – alters- und entwicklungsent-

82 Albert Wunsch (2000): Die Verwöhnungsfalle. München: Kösel, S. 38.

sprechend – fördern und in eine individuell entsprechende «Leistung» münden. Kinder müssen nach und nach lernen, dass sie für bestimmte Dinge selber verantwortlich sind, dass nicht stets jemand zur Hand ist, der alles für sie macht und ihnen alles Unangenehme aus dem Weg räumt. Durch aktive Bewältigung von Aufgaben lernen Heranwachsende, sich Situationen mutig und direkt zu stellen. Eine solche lebens- und verantwortungsbewusste Grundhaltung stärkt ihre Lebenskräfte. Mit jeder erfolgreich vollbrachten Anstrengung wachsen der Mut, die Kraft und die Zuversicht für eine weitere Herausforderung. Die Erfahrung «Ich kann es!» bleibt lebendig und ist der Motor für weitere Schritte und Aufgaben. Natürlich braucht das Kind noch über längere Zeit Unterstützung und Geborgenheit seitens der Eltern. Zugleich aber sind aufmerksam begleitende Eltern bereit, seinen Forscherdrang zu fördern, seine Neugier zu unterstützen und viele eigene Erfahrungen zu ermöglichen. Die schützende Hand der Eltern zieht sich dabei immer mehr zurück. Kinder müssen genügend Gelegenheit erhalten, ihre Stärken und Schwächen, ihre Fähigkeiten und ihre Grenzen kennen zu lernen. Vieles kann und wird dabei schief gehen, und die Kinder werden manches Mal aufgeben wollen. Dann sollen Kinder ermutigt werden, es noch einmal zu probieren. Leichte Hilfestellung und bei Erfolg angemessenes Lob, bei erneutem Misserfolg ein «Nächstes Mal schaffst du es sicher!» sind die nächsten Schritte.

Bei einer nicht-verwöhnenden Erziehung lernen Kinder, Auseinandersetzungen, Anstrengungen oder Unannehmlichkeiten nicht einfach aus dem Weg zu gehen. Wenn das Erfüllen ihrer Wünsche mit eigener Anstrengung verbunden ist, werden ihre Wünsche kaum in den Himmel wachsen, weil sie den Realitätsbezug nicht verloren haben.

Kinder brauchen Erwachsene, die gemeinsam mit ihnen Gewohnheiten, Regeln, Zielsetzungen und Sinnvorstellungen entwickeln; sie benötigen Menschen, die ihnen beibringen, dass sie Mitglieder einer gemeinsamen Welt sind, in der jede/r ein Set an Rechten und Pflichten hat.

Statt Verwöhnen also:

- einfühlen in das Kind
- verstehen seiner Situation, seiner Bedürfnisse
- Zutrauen in seine Fähigkeiten
- ermutigen

- Rückhalt geben
- angemessen und individuell fordern und fördern
- kleine Hilfestellungen geben
- unnötige Hilfe vermeiden
- an Erfolge erinnern
- gewähren von Übungsgelegenheiten, Freiräumen und Selbständigkeit
- Verantwortlichkeiten individuell übergeben
- Reversibilität vorleben und erwarten (ich bin freundlich und erwarte dasselbe vom Kind)
- dem Kind flexibel und angepasst Grenzen setzen

Die Kunst der Ermutigung

Gerade weil der verwöhnte Mensch letztlich durch mangelnde Übung, fehlende Zuversicht und starke Entmutigung leidet – ein zentrales Problem der Verwöhnung ist die große Entmutigung –, ist es eine zentrale Aufgabe im Umgang mit Verwöhnten, immer zu neuen, Ich-stärkenden Erfahrungen zu verhelfen. Dabei spielt die Ermutigung eine zentrale Rolle.

Die Verwendung des Begriffs der Ermutigung in der Psychologie geht ursprünglich auf die Individualpsychologie Alfred Adlers zurück. Adler postulierte als lebenslängliche Aufgaben des Menschen, die jede/jeder zu bewältigen bzw. immer wieder neu zu lösen hat, die Themen Arbeit/Beruf, Liebe/Partnerschaft und Gemeinschaft/Freundschaft. Die Lösung dieser grundsätzlichen Aufgaben verlangt Mut, Selbstbewusstsein, Sensibilität, Ausdauer und anderes mehr. Der Adler-Schüler Rudolf Dreikurs hat diesen drei Lebensaufgaben noch zwei weitere beigefügt: Die Beziehung zu sich selbst (Selbstakzeptanz) und die Beziehung zum Kosmos, d. h. die Sinnfrage: Warum bin ich da? Was ist die Bedeutung der Welt und meine Bedeutung in der Welt?

Nun sind schon Kinder und Jugendliche mit vielerlei Anforderungen und Aufgaben des Lebens konfrontiert: dem Aufbau einer eigenen Identität, dem Lernen und der Schule, den Beziehungen und Freundschaften zu Geschwistern und Gleichaltrigen, der Beziehung zu und der Abgrenzung und Ablösung von den Eltern usw. Die Bewältigung all dieser Anforderungen und Aufgaben erfordern Selbstvertrauen – und Mut. Wie kommen Kinder zu Mut, wie ermutigen wir Kinder (und Erwachsene) sinnvoll, und wo kann Ermutigung gar kontraproduktiv wirken?

Was heißt Ermutigung?

Ermutigung gilt in der Pädagogik als unterstützende Erziehungsmaßnahme und wird von Dreikurs/Soltz als das *«wichtigste Element in der Erziehung von Kindern»*[83] bezeichnet. Voraussetzung für Ermutigung sind u. a. die Wertschätzung des Kindes/des Jugendlichen und Einfühlungsvermögen in seine Situation und Befindlichkeit. Die Basis jeder Ermutigung besteht letztlich darin, das Gegenüber in einer gleichwertigen Beziehung bejahen und annehmen zu können: So wie du bist, als Person, mag ich dich, bist du o. k. *(existentielle Ermutigung)*. Dazu gehören ferner das (angemessene und realistische) Vertrauen in die Möglichkeiten und Fähigkeiten des Kindes, der «Glaube» an positive Veränderungen beim Kind.[84] Das fehlt bei der Verwöhnung meist gänzlich. Ermutigen kann sich – der häufigere Fall – auf bestimmte Fertigkeiten beziehen: das Erlernen von neuen Kompetenzen wie etwa mit der Schere richtig schneiden oder das Bruchrechnen beherrschen *(partielle oder spezifische Ermutigung)*. Ermutigende Qualitäten eines Menschen beinhalten ein echtes Interesse für andere, aufmerksames Zuhören, echtes Engagement, Geduld, Freundlichkeit (Stimme, Blick), die Versuche und Fortschritte des anderen anzuerkennen sowie die Bereitschaft, im anderen das Gute entdecken zu wollen. Ermutigung ist jedes Zeichen der Aufmerksamkeit, das anderen oder uns selbst Mut einflößt oder Auftrieb gibt. Die ermutigende Haltung auf der existentiellen Ebene ist nicht leicht, sondern vielmehr die Frucht einer intensiven persönlichen Auseinandersetzung mit sich selbst und anderen Menschen. Wer andere ermutigen will, muss sich selber ermutigen können. Die «richtige» Ermutigung ist keine leicht zu erlernende «Technik», sondern vielmehr

83 Vgl. Rudolf Dreikurs; Vicky Soltz (1994): Kinder fordern uns heraus. Stuttgart: Klett-Cotta, S. 42.

84 Don Dinkmeyer; Rudolf Dreikurs (1990): Ermutigung als Lernhilfe. Stuttgart: Klett-Cotta.

eine innere Überzeugung, eine Haltung, die man/frau sich häufig mühevoll erwerben muss, ja vielleicht sogar eine Kunst.

Immer wieder lässt sich beobachten, wie Menschen nicht nur direkt, sondern häufig auch indirekt ermutigt werden (können): Erzieherinnen in Kindergärten helfen Kindern beim Erzählen und Besprechen eines Bilderbuches über Ängste in der Nacht meistens indirekt, ebenso wirken Spieltherapien bei Vorschulkindern via indirekte und unbewusste Prozesse. Es gibt (nicht wenige) Kinder und (viele) Erwachsene, die auf direkte Ermutigung sogar eher abwehrend reagieren: Hören sie aber zufälligerweise oder nebenbei mit, wie sich jemand positiv über sie äußert, wirkt das auf sie stark ermutigend.

Warum brauchen Menschen Ermutigung?

Ermutigung ist die Kraft, die das natürliche Wachstumspotenzial in Kindern und Erwachsenen zur Entwicklung bringen kann. Konstruktive Entwicklungsprozesse in Kindern und Erwachsenen werden meistens durch Ermutigung ausgelöst. Warum? Ermutigung weckt Hoffnung, stärkt die Zuversicht, gibt Sicherheit, fördert Mut, hilft Durststrecken überwinden. Mutige – gemeint sind nicht unvorsichtige – Kinder sind weniger gefährdet auf ihrem Lebensweg, mutige Erwachsene besitzen die nötige Portion Abhärtung («Elefantenhaut») und Zuversicht; beides unabdingbare Eigenschaften, die das Leben abverlangt. Lehrpersonen, die an sich glauben, können eher Freude vermitteln, Anerkennung von Kindern empfangen und Anerkennung weitergeben, eine ermutigende Atmosphäre gestalten, Probleme leichter lösen und ihren SchülerInnen einen emotionalen Rückhalt bieten. LehrerInnen, die an sich und die Bedeutung ihrer Arbeit glauben, vermögen ihre Tätigkeit auch überzeugender nach außen zu vertreten. Umgekehrt verringern Minderwertigkeitsgefühle, Lustlosigkeit und Angst die eigenen Möglichkeiten im pädagogischen Alltag. So gilt die einfache, aber nicht leicht zu erwerbende «Regel»: Nur Erwachsene, die sich selber ermutigen können und an sich glauben, können das in ihrem Leben, ihrer Arbeit wirkungsvoll umsetzen.

Die Bedeutung der Beziehung

Die Wirkung einer Ermutigung hängt neben weiteren Faktoren (Umstände, Tagesform usw.) auch von der Beziehung zum Gegenüber ab: Wer lässt sich schon von einer Person ermutigen, die einem unsympathisch ist oder zu der man eine schlechte oder überhaupt keine Beziehung hat? **(Tab. 8-1)**.

Meistens hängt die Wirkung einer (beabsichtigten) Ermutigung von der Beziehung zum Gegenüber ab. Frau Sager (Lehrerin) sagt zu Mara, die gerade dabei ist, ihre Zeichnung zu zerknüllen: «Versuch es auf dem anderen Weg, den du vorher eingeschlagen hast, dann wirst du zum Ziel kommen!» Entsprechend der Beziehung zwischen Frau Sager und Mara (und entsprechend der Tagesform) fällt Maras Reaktion aus: Probiert sie es nochmals, weil sie ihre Ermutigung spürt («Die glaubt an mich!» «Die kann mich einschätzen.» «Wenn die das sagt, probiere ich es nochmals.» «Die mag mich!» → ermutigende Wirkung), fühlt sie sich nicht in der Lage dazu oder fühlt sie sich gar blamiert? («Die will mich bloßstellen.» «Will die mich lächerlich machen?» «Es gelingt mir sowieso nicht!» → entmutigende Wirkung). Solche inneren Gespräche und Dialoge verlaufen meistens unbewusst. Für verwöhnte, entmutigte Kinder kann eine positive neue Beziehung, z. B. zu einer außerfamiliären Bezugsperson, eine große Chance darstellen, um neue nicht-verwöhnende Erfahrungen zu sammeln – und so vielleicht einen ersten Schritt aus der Verwöhnungsspirale zu tun.

Tabelle 8-1: Die Bedeutung der Beziehung

Die Lehrerin (L) hat eine gute Beziehung zu Mara (M)
L ermutigt M → wirkt auf Mara (eher) *ermutigend*
Die Lehrerin (L) hat eine schlechte Beziehung zu Mara (M)
L → ermutigt M → wirkt auf Mara (eher) *entmutigend*

Die Bedeutung der subjektiven individuellen Verarbeitung

Niemand kann einen Menschen ermutigen, wenn dieser die Ermutigung nicht annimmt. Wir können letztlich nur versuchen Menschen zu ermutigen: Die eigentliche Wirkung der Ermutigung hängt vom Gegenüber ab. Nur wenn das ermutigte Kind diese Ermutigung auch so interpretiert und zu einer Selbstermutigung umsetzen kann, wird eine ermutigende Reaktion zu beobachten sein. Andernfalls verarbeitet das Kind die (beabsichtigte) Ermutigung zu einer Entmutigung und entmutigt sich damit: «Der/die meint es sicher nicht so.» «Die wollen sich nur lustig über mich machen!» «Die weiß gar nicht, wie dumm ich wirklich bin!» «Der schätzt mich falsch ein: Wenn der mich kennen würde…» usw. Diese und ähnliche Gedanken und Gefühlsmuster laufen meistens unbewusst ab und verhindern eine positive Umsetzung der beabsichtigten Ermutigung. Gut gemeinte Ermutigung wirkt in diesem Fall letztlich entmutigend.

Tabelle 8-2 zeigt vereinfacht die beiden Hauptstränge von Ermutigung bzw. Entmutigung: Die Erstklasslehrperson (A) ermutigt den beim Basteln noch unsicheren und ungeschickten Fabrizio (B). Die freundliche und ermutigende Art der Lehrperson lässt bei ihm das Gefühl und die Hoffnung aufkommen, das bisher gefaltete Papier doch noch zum geplanten Schiffchen umgestalten zu können. Er probiert es – und schafft es schließlich freudestrahlend. Beginnen ermutigte Menschen, die Ermutigung in eine Selbstermutigung umzusetzen, ist die Wirkung häufig frappant – bei Kindern wie bei Erwachsenen. So lernt z. B. eine 60-jährige Frau trotz sehr negativer und entmutigender Erfahrungen im Klavierunterricht vor 50 Jahren nun nochmals ein Musikinstrument spielen.

Ein sehr entmutigtes Kind hingegen kann die echt gemeinte Ermutigung der Lehrperson nicht zu einer Selbstermutigung umsetzten, weil es in seinem bisherigen Leben von Erwachsenen immer wieder enttäuscht

Tabelle 8-2: Die Bedeutung der subjektiven individuellen Verarbeitung

	Selbstermutigung → Wirkung: *Ermutigung*
	↑
A ermutigt B → individuelle subjektive Verarbeitung	
	↓
	Selbstentmutigung → Wirkung: *Entmutigung*

und damit entmutigt worden ist. Dieses misstrauisch gewordene Kind traut den Worten der Lehrperson nicht und verarbeitet diese Begegnung – leider – zu seinen Ungunsten: Seine subjektive individuelle Verarbeitung ist mehrheitlich entmutigend.

Ein spezieller Fall ist die «*Trotz-Selbstermutigung*» oder die «*Jetzt-erst-recht-Selbstermutigung*»: Ein Lehrer reagiert auf die ungenügende Leistung seiner Schülerin mit einer verächtlichen Bemerkung: «Du bleibst in Mathe halt unter dem Strich.» Bei stark entmutigten SchülerInnen wirkt eine solche Bemerkung zusätzlich entmutigend. Andere SchülerInnen, die noch einen Rest Selbstbewusstsein und Vitalität behalten haben, können einem solchen Lehrer den (hier gesunden) Kampf ansagen und sich nun vermehrt anstrengen, um es «dem» – jetzt erst recht! – zu zeigen: Der muss gar nicht meinen, er habe recht! Solche inneren Kampf-Gefühle und Dialoge finden sich immer wieder, wenn man mit ehemaligen Schülerinnen spricht. So wirkte die Aussage eines Oberstufenlehrers zu seinem Schüler Jan, er gehöre nicht in eine Mittelschule, anfänglich entmutigend. Kurz darauf aber begann Jan, mit Hilfe eines Nachhilfelehrers seine Defizite aufzuarbeiten und bestand schließlich die Aufnahmeprüfung für das Gymnasium. Zwei Jahre später traf Jan seinen ehemaligen Sekundarlehrer zufälligerweise auf dem Bahnhof und teilte ihm nun triumphierend mit, er sei jetzt entgegen dessen früherer Prophezeiung in der Mittelschule!

Die ganzheitliche Wirkung von Ermutigung und Entmutigung

Echte Ermutigung, die selbstermutigend wirkt, wirkt *ganzheitlich* und strahlt auf den ganzen Menschen aus. So wie Trauer, Depression oder Wut auch starke körperliche Reaktionen darstellen – wir sprechen richtigerweise auch von «ich *bin* traurig, deprimiert oder wütend» –, gilt dasselbe von Ermutigung oder Entmutigung: «Ich *bin* mutig, entmutigt.» Der ganze Mensch ist dann momentan in diesem (Gefühls)Zustand. Ein Kind, das ein schlechtes Schulzeugnis erhält, ist häufig niedergeschlagen und fühlt sich in der Regel als ganze Person schlecht. Viele Kinder fragen sich, ob die Eltern sie deswegen oder trotzdem noch gern haben, d. h. sie generalisieren ihre partielle negative Leistung auf ihre ganze Person. Wir sehen hier, wie sich einzelne Misserfolgserlebnisse auf das ganze Lebensgefühl des Menschen auswirken können: Von der schlechten Einzelleistung wird auf die ganze Person, den ganzen Menschen geschlossen. Misserfolge jeder Art im Kindergarten oder in der Schule können Kinder in der ganzen Persönlichkeitsentwicklung schwächen. Das Gegenstück dazu ist allerdings ebenfalls beobachtbar: Kinder, die schon resigniert haben, aber in der neuen Klasse eine ermutigende und verständnisvolle Lehrperson finden, tauen zusehends auf, werden nicht nur in der Schule leistungsmäßig besser, sondern fühlen sich auch psychisch insgesamt stärker, sind initiativer, lebensfreudiger. **Tabelle 8-3** zeigt diesen Sachverhalt.

Ein verwöhntes Kind zum Beispiel, das bisher im Schwimmen kaum mitkam, von den anderen als Angsthase ausgelacht wurde und sich immer mehr zurückzog, wird durch die ausdauernde und ermutigende Lehrerin allmählich mutiger, beginnt zu üben und gehört nach einigen Monaten zu den «normalen» SchwimmerInnen. Das – für dieses Kind besonders wichtige – Erfolgserlebnis kann im günstigen Fall auch weitere Bereiche seiner Persönlichkeit positiv stärken und so ganzheitlich auf sein Lebensgefühl wirken. Dies gilt für verwöhnte Kinder und Jugendliche in besonderem Maße. SchülerInnen, die sich in einem Schulfach deutlich verbessern, werden häufig auch in anderen Fächern «plötzlich» besser oder verwandeln sich im Unterricht überraschenderweise von störenden oder desinteressierten zu aktiven und angenehmen Jugendlichen. Ermutigung bewirkt im günstigen Fall eine Änderung in der inneren Haltung dessen, der ermutigt wird. Ermutigung erhöht das Gefühl von Selbstachtung und stärkt den Glauben an die eigenen Fähigkeiten und Möglichkeiten.

Tabelle 8-3: Die ganzheitliche Wirkung von Ermutigung

Beispiel		
Die Lehrerin ermutigt das Kind im Schwimmen (punktuelle Ermutigung)		
Punktuelle Ermutigung (Handlung/Absicht)	→	→ □
		↓
Ganzheitliche Ermutigung (Wirkung)	→	→ □ ←
		↑

Ein Beispiel aus der Schule

Der folgende Auszug aus einem Gespräch des ehemaligen Kleinklassen-Lehrers Jürg Jegge mit einem sehr entmutigten Schüler zeigt (verkürzt) beispielhaft, wie in einer tragfähigen Beziehung und unter bestimmten Bedingungen Ermutigung stattfinden und wirken kann. Damit keine Missverständnisse entstehen: Das Beispiel ist kein Plädoyer für die heute leider grassierende Manie, unangepasste und unruhige Kinder und Jugendliche mit Psychopharmaka «stillzulegen».

«Sag einmal, Fredi, möchtest du nicht ein Instrument spielen lernen?»

«Nein.»

«Warum nicht?»

«Es stinkt mir.»

«Sicher?»

«Das kann ich nicht.»

«Ich glaube, das kannst du.»

«Ich weiss, dass ich das nicht kann.»

«Warum?»

«Ich kann überhaupt nichts lernen. Ich bin nicht richtig im Kopf.»

«Erzähle.»

«Ich muss ja Pillen nehmen. Seit ich in den Kindergarten gehe. Das löscht mir ab.»

«Du hast Angst.»

«Nein. Aber es stinkt mir. Ich kann ja doch nichts lernen, auch später nicht.»

«Also doch Angst?»

«Ja. Was soll ich denn werden?»

«Weisst du, weshalb du die Pillen nehmen musst?»

«Ja, weil ich krank im Kopf bin.»

«Nein, damit du nicht krank wirst. Das ist ein Unterschied.»

«Das ist kein Unterschied, das kommt auf dasselbe heraus.»

«Nein. Schau, es gibt Leute, die sich leicht erkälten. Die ziehen sich warm an, sobald es kalt wird. Und im Winter trinken sie Lebertran und solches Zeug.

Damit sie nicht krank werden. Bei dir ist es ähnlich. Du nimmst diese Pillen auch, damit du keine Anfälle bekommst, damit du nicht krank wirst.»

Er sieht mich lange und ernst an.

«Glauben Sie?»

«Ich weiß.»

«Das muss ich mir überlegen.»

Lange Pause. Dann sagt er:

«Ich will Ihnen einmal etwas erzählen. Ich hatte einen Freund. Einen Erwachsenen, einen Italiener. Mit dem konnte man über alles reden. Aber dann ist er fortgezogen. – Aber mit Ihnen kann man auch gut reden. Sie sind kein böser Mensch.»

«Wie meinst du das?»

«Sie schimpfen nicht, wenn ich zu spät in die Schule komme, und wenn ich robotere.»

«Und darum glaubst du …»

«Ja, darum kann man mit Ihnen über alles reden, auch über meinen Kopf. Stimmt das mit den Pillen?»

«Ja.»

«Dann ist es gut.»

Er verabschiedet sich.

Am nächsten Tag, in der Schule:

«Kommen Sie, ich muss Ihnen etwas sagen. Ich möchte ein Instrument spielen lernen.»

«Und der Kopf?»

«Der lernt das schon.»[85]

ErzieherInnen in Kindergärten oder Kindertagesstätten und GrundschullehrerInnen finden im Buch von Portmann[86] viele praxisbezogene Beispiele und Anregungen zur Ermutigung.

---

85 Jürg Jegge (1976): Dummheit ist lernbar. Erfahrungen mit Schulversagern. Bern: Zytglogge, S. 32–33.

86 Rosmarie Portmann (Hrsg.) (1996): Mut tut gut. Geschichten, Lieder und Gedichte vom Muthaben und Mutmachen. Würzburg: Arena.

Der Ermutigungs- und der Entmutigungskreislauf

Ermutigung wie Entmutigung verlaufen meistens zirkulär und – via die individuelle subjektive Verarbeitung (vgl. Tab. 8-2) – verstärkend.

Nadine wird von der Lehrerin bei ihren ersten Schreibversuchen ermutigt – ihr innerer unbewusster Dialog lautet etwa: «Ich kann es schaffen.» Sie übt weiter, erreicht das gesteckte Ziel und hält einige Zeit später der Lehrerin stolz das Blatt, vollgeschrieben mit ihrem Namen, unter die Nase. Die Freude und das Lob der Lehrerin steigern das Selbstvertrauen und spornen Nadine an, ihren Namen nun in allen Größen und Farben auf unzählige Zettel und Blätter zu schreiben. Schließlich ist sie von ihrer Leistung befriedigt und will als nächstes auch ihren Nachnamen schreiben können. Nun kommt der Vorname ihrer Mutter, ihres Vaters, des Bruders, der Patentante, der Großmutter usw. an die Reihe ... Sie ist im Schreiben mutiger geworden, der Ermutigungskreislauf hat sich um eine Runde weitergedreht. Analog verläuft auch der Entmutigungskreislauf: Der innere Dialog («Ich kann nicht.» «Ich bin nicht gut genug.» «Er/Sie mag mich nicht.» usw.) führt zum partiellen (im ungünstigsten Fall bis zum fast völligen) Verlust des Selbstwertgefühls; das Kind wird vorsichtiger, erwartet Versagen und Fehlschläge, seine Kreativität und Leistungsfähigkeit werden eingeschränkt, die Fehlerquote steigt und das Kind wird im Gefühl der Unzulänglichkeit und Unfähigkeit (bis hin zum Gefühl der Wertlosigkeit!) bestätigt. Der negativ verstärkte und unbewusste Dialog führt zu einer selbstkritischeren, negativeren Einstellung und Verhaltensweise und der Entmutigungskreis schließt sich: Der in **Tabelle 8-4** dargestellte Ermutigungskreislauf wirkt dann mit negativen Vorzeichen analog zum Entmutigungskreislauf (siehe **Tab. 8-5** auf S. 144). Bei Verwöhnung ist der negative Entmutigungskreislauf besonders ausgeprägt und hat für die Betroffenen verheerende Wirkungen.

Tabelle 8-4: Der Ermutigungskreislauf

	Ermutigung	
↑		↓
Steigerung des Selbstvertrauens		positiver innerer Dialog
↑		↓
Mut zum Weiterüben		sich etwas zutrauen
↑		↓
Erfolg	←	probieren

Tabelle 8-5: Der Entmutigungskreislauf

	Entmutigung	
↑		↓
Verringerung des Selbstvertrauens		negativer innerer Dialog
↑		↓
kein Mut zum Weiterüben		sich wenig zutrauen
↑		↓
Misserfolg	←	ausweichen, warten, überlassen

Der Ermutigungskreislauf wird mit der Zeit zum Rezept des mutigen, erfolgreichen Menschen; der Entmutigungskreislauf hingegen zur unbewusst verinnerlichten Misserfolgsspirale des unglücklichen, entmutigten Menschen. Eine ausgeprägt verwöhnende Erziehung führt – zumindest für einen, häufig aber auch in mehreren Bereichen – zum sich fortlaufend negativ verstärkenden Entmutigungskreislauf. Nur günstige Umstände oder eine Psychotherapie vermögen u. U. diese Unglücksspirale zu ändern.

Ermutigung und Entmutigung im Selbstgespräch

Die meisten Menschen führen mit sich – meist lautlos – innere Selbstgespräche, und diese laufen häufig nach einem bestimmten Muster ab. Selbstbewusste und optimistische Menschen sprechen freundlicher und aufbauender mit sich als entmutigte, verwöhnte, die den Glauben an sich und ihre Möglichkeiten verloren haben.[87] Wenn wir uns gut fühlen, stabilisieren wir uns durch ermutigende Selbstgespräche wie: «Das hast du gut gemacht!» «Letztes Mal ist es auch toll herausgekommen.» «Ich werde diese Situation schon irgendwie meistern.» «Für den Elternabend vor drei Monaten habe ich ein schönes Echo erhalten.» Wie Eltern, andere ErzieherInnen und LehrerInnen mit sich und den Kindern zurechtkommen, hängt auch davon ab, wie sie sich durch Selbstgespräche ermutigen oder eben entmutigen. Häufig gestalten Lehrpersonen ihren inneren Dialog so, wie die Eltern mit ihnen als Kinder umge-

87 vgl. Theo Schoenaker (1996): Mut tut gut. Das Encouraging-Schoenaker-Training. Stuttgart: Medias.

gangen sind und reden so mit sich, wie die Eltern mit ihnen sprachen. Fachleute[88] gehen davon aus, dass im Durchschnitt rund 77 % der Selbstgespräche (mit großen inter- und intraindividuellen Unterschieden) negativ, d. h. gegen sich selbst gerichtet sind – und damit eine selbstentmutigende Wirkung haben. Das Fatale daran ist, dass die meisten Menschen diese Selbstgespräche nicht bewusst wahrnehmen und so nicht Gegensteuer geben können. Es ist dann im besten Fall eine Kollegin oder Freundin, die solche sich verbal äußernden SelbstkritikerInnen auf ihr problematisches Muster aufmerksam machen. Innere, nicht verbalisierte negative Dialoge sind schwerer erkennbar – und die Einwirkung darauf von außen ist deshalb ungleich schwieriger. Bei verwöhnten Menschen, die sich schon stark aus Beziehungen und Auseinandersetzungen zurückgezogen haben, ist ein Aufbrechen dieses Musters von außen manchmal unmöglich.

Bei häufigen negativen Selbstgesprächen kann als erster Schritt vielleicht die Besinnung auf und die Beantwortung der folgenden Frage hilfreich sein: «Was würdest Du tun, wenn Du Dein eigener idealer Erzieher sein könntest, was würdest Du zu Dir sagen?»

Auch die bewusste Beachtung der eigenen Stärken kann nützlich sein, denn unsere Selbsteinschätzung bestimmt wesentlich unsere Zukunft, unsere Möglichkeiten – und unsere Begrenzungen:

- Welche meiner Fähigkeiten und Verhaltensweisen kann ich als sehr gut, gut oder genügend anerkennen?
- Was kann ich heute schon besser als früher?
- Welche richtigen Entscheidungen habe ich in meiner Arbeit, in meinem Leben schon getroffen?
- Was habe ich heute richtig oder zufriedenstellend gemacht?

Die Selbstermutigung hat noch einen weiteren, häufig übersehenen Aspekt: Eine ErzieherIn oder Lehrperson, die sich auf Selbstermutigung einstellt, d. h. eine entsprechende Haltung lebt, ist auch gut zu sich selbst, drängt und quält sich nicht, muss sich nicht selber unangemessen kritisieren, einschüchtern oder gar bekämpfen. Nach getaner Arbeit lässt sie

88 vgl. Theo Schoenaker (1996): Mut tut gut. Das Encouraging-Schoenaker-Training. Stuttgart: Medias.

sich ihre Stimmung und Freizeit nicht (oder sehr selten) durch innere Dialoge und selbstquälerische Grübeleien über die «Tagesfehler» verderben, sondern behält ein überwiegend positives Gefühl. Sie sieht – neben den natürlich auch vorhandenen Problemen und Schwierigkeiten – vor allem auch das, was gut gelaufen ist und erkennt positive Ansätze und Fortschritte bei sich und den Kindern. Eine solche Lebensphilosophie fördert eine selbst bejahende Grundhaltung und ist letztlich ein wesentliches und wirksames psychohygienisches Mittel gegen Burn-out-Syndrome.

Und schließlich ist die Grundhaltung des mutigen – im Gegensatz zum verwöhnten – Menschen auch eine gelassene: Da die Zukunft zu viele unberechenbare Möglichkeiten enthält, um sie mit objektiver Sicherheit voraussehen zu können, beruht die positive und optimistische Beurteilung immer auf einer subjektiven Gewissheit. In der optimistischen, das Gute sehenden – nicht naiven – Haltung wird dem, was unbestimmt ist, mit Hoffnung, Tatkraft und Zuversicht begegnet.

Wie kann man mit verwöhnten Kindern umgehen? Ein Entwöhnungsprogramm

Die nachfolgenden Anregungen sind aus langjähriger Erfahrung in Kursen, Beratungen und Fortbildungen entstanden und haben sich in meiner Arbeit sehr bewährt. Sie dienen als Anregung und Leitfaden für den Umgang mit verwöhnten Kindern/Jugendlichen und deren Eltern, können allerdings keine vertiefte Beratung ersetzen.

1. Die Grundfrage vor jedem Vorgehen lautet: Wie stark ist die Ausprägung der Verwöhnung in welchen Aspekten? Wie ist die gesamte Situation des Kindes? Wo steht das Kind? Was braucht es?

2. Verwöhnte Kinder (und Erwachsene) haben eine *falsche Meinung von sich und der Welt* entwickelt. So hilft der vielleicht naheliegende, direkte Hinweis oder gar die direkte Deutung («Du bist aber ein verwöhnter Kerl! Das wirst du schon selber tun!») wenig oder gar nichts. Deutungen beschämen fast immer und fördern in den meisten Fällen nur die schon gut ausgebauten Abwehrmechanismen. Mit Deutungen kann ein Kind nichts anfangen.

3. Verwöhnte Menschen haben massive Defizite in alltäglichen Dingen und Fertigkeiten: Man darf nun aus der gewonnenen Einsicht nicht alles und sofort verlangen. Hauruck-Verfahren bringen niemanden weiter. Dies ist tatsächlich eine Überforderung, die das verwöhnte Kind fast als Weltuntergang erlebt. Statt dessen hilft am ehesten ein stufenweises, schrittweises Vorgehen. Anfängliche Erklärungen und Hilfestellungen werden zunehmend seltener. Am erfolgreichsten ist es, nur bei *einem* Punkt, *einem* Thema, *einem* Problem zu beginnen, das besonders störend, wichtig oder veränderungsbedürftig ist (z. B. Schuhe binden, Zimmer aufräumen, Zähne putzen, Schulweg, Verantwortung für Hausaufgaben) und das durchzuziehen. Ein Erfolg in einem klar definierten, abgegrenztem Bereich ist wertvoller und wirkt ungleich mehr als das gleichzeitige Üben verschiedener Defizite: Letzteres endet häufig in einem Misserfolg für beide Seiten. Weniger ist hier letztlich mehr.

4. Die Eltern oder ErzieherInnen müssen beginnen, sich zu weigern, dem Kind unnötige Hilfe zu leisten und Dinge abzunehmen, die es selber tun kann (und soll!). So können Eltern etwa dem Kind freundlich und bestimmt mitteilen, dass es ab dem Tag X für die Zimmerordnung selber verantwortlich ist. Was auf dem Boden liegen bleibt, landet im Abfalleimer oder im Staubsauger. Sich selbständig anzuziehen, ist ein wichtiger Meilenstein in der kindlichen Entwicklung. Das Erlernen geht schrittweise, die Hilfe der Erwachsenen nimmt allmählich ab.

5. Das Kind muss entsprechend angeleitet werden und braucht freundliche, fast nebenbei hingeworfene, Hinweise. Erste eintretende Erfolge sollen dann angemessen (nicht übertrieben) gelobt werden. Die richtige Balance zwischen ausreichend positiver Zuwendung und Anerkennung und einer unkritischen Anerkennung der Taten des Kindes zu finden, ist nicht immer leicht.

6. Bewusste und korrigierende Erfahrungen sind außerordentlich wichtig *(learning by doing)*. Das Kind muss dabei die Erfahrung machen können, dass der Erfolg aufgrund seiner Bemühungen zustande gekommen ist. Das Gefühl der Selbstwirksamkeit ist bei den meisten verwöhnten Kindern zu wenig entwickelt worden.

7. Wichtig scheint mir auch die Einsicht, das Verhalten des verwöhnten Kindes oder Jugendlichen nicht als Haltung gegen sich zu erleben:

Der Verwöhnte lernte eben dieses Verhaltensmuster. Für ErzieherInnen in Kindergärten oder Lehrpersonen gilt Ähnliches: Das Verwöhnungsmuster wurde in der Herkunftsfamilie erworben und nun unbewusst eben auch in andere Beziehungen hineingetragen. Daraus ist dem Kind kein Vorwurf zu machen. Nach erzieltem Erfolg können Eltern oder ErzieherInnen ein Kind kurz und taktvoll auf seine Leistung aufmerksam machen: «Toll, das konntest du vor einigen Tagen noch nicht!» oder: «Es freut mich, wie du nun selber an deine Pausenbrottasche denkst.» usw.

8. Hilfreich ist zudem, Humor zu behalten (ein inneres Schmunzeln, nicht ein Auslachen), gleichzeitig aber auch kein Mitleid mit solchen Kindern zu haben: Mitleid fördert die Gefahr, dem Kind (wieder) Dinge, die es selber kann, abzunehmen.
9. Immer gilt es, daran zu denken, dass das Kind ein falsches Selbstkonzept und ein verzerrtes Weltbild entwickelt hat: Hier besteht nun unsere Aufgabe, dem Kind bei einer Korrektur behilflich zu sein: Das Selbstbild und das Fremdbild müssen geändert werden. Und das geht nicht schnell und einfach. Das Kind benötigt viele korrigierende Erfahrungen, auch Gespräche, die Erwachsenen sind behutsame, freundliche, geduldige und ermutigende BegleiterInnen und UnterstützerInnen im Sinne von Maria Montessoris «Hilf mir, es selbst zu tun!».
10. Aller Anfang ist schwer. Auch wenn es am Anfang ganz leicht aussieht, die Veränderung von eingefahrenen Verhaltensweisen einzuleiten: Eltern und Kinder kostet es Kraft, Mut, Überwindung und Mühe. Aber es lohnt sich. Das Aufrechterhalten von Verwöhnung kostet noch mehr Kraft – und viel Ärger.

In der Beratung von den Eltern sind die folgenden Fragen wichtig:

- Welche Rolle spielen die Mutter, der Vater, allfällige weitere Bezugspersonen? Welche Haltung nehmen sie ein? Verwöhnt die Mutter, um die harte Erziehung des Vaters zu korrigieren? Verwöhnen Großeltern, weil sie um die Liebe des Enkelkindes buhlen? (vgl. dazu auch Kapitel 5).

- Welchen «Gewinn» beziehen verwöhnende Erwachsene aus der am Kind praktizierten Verwöhnung? (Rolle des Großzügigen? Toleranten? Modernen? ... vgl. dazu auch Kapitel 5).
- Welche Rolle spielen die Geschwister? Welchen Nutzen ziehen diese aus der Verwöhnung? Profilieren sich ältere Geschwister in der Verwöhnungsrolle als die Grossen, Bewunderten, Macht Ausübenden?

Im Elterngespräch gilt es zudem, die Bedenken, Argumente und Begründungen der Eltern gegen eine Änderung im Verhalten dem Kind gegenüber zu erkennen und genauer zu verstehen. Eltern, die ihr Kind für so klein, zart, verletzlich, schwach, inkompetent usw. einstufen, haben es verständlicherweise schwer, ihr Verhalten diesem Kind gegenüber zu ändern, solange sie ihr Kind weiterhin durch diese Brille betrachten. Auch hier gilt es mitzuhelfen, eine Korrektur des falschen Bildes vom Kind oder Jugendlichen vorzunehmen. Meistens sind mehrere Gespräche mit den Eltern verwöhnter Kinder nötig, um ihre fast immer vorhandene Überbesorgnis und Ängstlichkeit abbauen zu helfen – und häufig erlebt man, wie die Eltern mehr Bedenken bei einem Entwöhnungsprogramm haben, als die Kinder Widerstände leisten!

Anhang: Fragebogen

Die zwei untenstehenden Fragebogen sind entwickelt worden, um Ihnen persönliche Anregungen und Denkanstöße zu geben. Sie sind bewusst nicht als Checklisten gestaltet: Das Nachdenken über einzelne Fragen und das Besprechen, der Austausch mit anderen darüber ist gewinnbringender und legt grundlegendere Erkenntnisse frei als eine scheinobjektiv-numerische Auswertung.

Beide Fragebogen sind in Kursen und Fortbildungen, die ich zum Thema Verwöhnung durchgeführt habe, entstanden und mehrfach modifiziert und erprobt worden.

Der erste *Fragebogen* (A) legt den Schwerpunkt auf das eigene Verhalten als ErzieherInnen, seien das Eltern, ErzieherInnen in pädagogischen Institutionen wie Kindergärten oder Horten, LehrerInnen usw.

Fragebogen A

Der Blick auf persönliche Verwöhnungsanteile I:
Der Umgang mit Kindern

Neige ich dazu:

- dem Kind zu wenig zuzutrauen? vom Kind zu wenig zu erwarten? (z. B. Sporttasche selber packen)
- zu rasch mit Überbesorgnis und Zweifel zu reagieren?
- vom Kind zu bewältigende Aufgaben ihm zu schnell, zu bereitwillig abzunehmen, Kindern Aufgaben fertig zu machen?
- den Kindern eine Arbeit/Tätigkeit abzunehmen/selber fertig zu machen, damit es perfekt wird, oder weil es schneller geht?
- nachzugeben, weil ich meine Ruhe haben möchte?

- dem Kind schnell und bereitwillig möglichst alle Schwierigkeiten und Anforderungen aus dem Weg zu räumen?
- dem Kind/den SchülerInnen Frustrationserlebnisse möglichst ersparen zu wollen?
- das Kind/die SchülerInnen wegen der Hausaufgaben, der schulischen Anforderungen zu bemitleiden?
- das Kind mit Materiellem und/oder Immateriellem zu überhäufen?
- dem Kind alle Wünsche zu erfüllen und/oder mich von ihm unter Druck setzen/erpressen zu lassen?
- mein Kind/mein(e) Schüler(in) überschwänglich zu bewundern?
- bei Unstimmigkeiten zwischen den Kindern rasch zu intervenieren?
- bei Weinen rasch nachzugeben?
- unselbständigen Kindern (zu) viel helfen zu wollen?
- mit unselbständigen, ungeschickten Kindern Mitleid zu haben?
- rasch mit Beiträgen, Arbeiten, Äußerungen, Antworten usw. der Kinder zufrieden zu sein?
- den Kindergarten als Schonraum für eine ungestörte, von der Erwachsenenrealität unberührte Welt des Kindes zu betrachten?
- es als Erzieherin oppositionellen, schnippischen oder fordernden Kindern bzw. Eltern recht machen zu wollen?

Die intensive Auseinandersetzung mit den gestellten Fragen kann dazu beitragen, einen dem Kind bzw. der Kindergruppe angemessenen, ermutigend-freundlich-kooperativen Erziehungsstil mit reflektierter, liberaler *und* klarer Grenzsetzung zu finden. Aus der erziehungswissenschaftlichen Forschung der letzten Jahrzehnte hat sich deutlich ergeben, dass dieser Erziehungs- und Führungsstil im Umgang mit Kindern und Jugendlichen – über längere Zeit und konsequent angewandt – der erfolgreichste ist, und zwar für beide Seiten, also auch für Eltern und Lehrpersonen.

Besonders spannend kann die Diskussion der Antworten sein, wenn Eltern oder ErzieherInnen die Fragen zuerst für sich allein beantworten und anschließend darüber offen, ehrlich und fair diskutieren. Kaum jemand wird frei von verwöhnenden Tendenzen sein!

Im zweiten *Fragebogen* (B) erhalten Sie viele Anregungen zu Ihrer eigenen individuellen Biographie. Im Zentrum stehen persönliche Verwöhnungsanteile und deren Auswirkungen auf Ihr Leben als Kind, Jugendliche und Erwachsene. Auch hier gilt für einen optimalen Gewinn der Auswertung: Individuelle erste Erarbeitung, ehrlicher und ‹unzensurierter› Austausch mit anderen. Dazu kann die Diskussion mit einem Geschwister oder Berufskolleginnen besonders wertvoll sein.

Fragebogen B

Der Blick auf persönliche Verwöhnungsanteile II:
Die eigene Biographie

- Wo gab es verwöhnende Elemente in den Beziehungen zu meiner Mutter, meinem Vater, meinen Geschwistern?
- Was trauten Mutter/Vater/Geschwister mir nicht zu? Warum?
  Wo zeigten sie sich überbesorgt, wo hatten sie bezüglich mir Zweifel?
  Wie reagierte ich darauf? Wie wirkt(e) sich das aus?
  Wie gehe ich heute damit um?
- Wie reagierten Mutter/Vater auf neue Anforderungen und Übergänge (z. B.: Übergang Kindergarten-Schule, Schul- und Leistungsprobleme, erstes Ferien- /Schullager, erste Liebesbeziehungen, Ablösung in der Pubertät, Fahrunterricht, Auszug aus dem Elternhaus/eigene Wohnung)?
  → Ermutigten oder warnten sie mich eher?
- Welche Anforderungen nahmen mir Mutter/Vater/Geschwister ab? Warum?
  Wie reagierte ich darauf?
- Wofür wurde ich besonders bewundert?
- War die Verwöhnung bei mir punktuell oder übergreifend, nur vorübergehend oder über lange Zeit?
- Wie gehe ich heute mit Unangenehmem um? Was packe ich direkt an? Was schiebe ich auf die lange Bank? Wo weiche ich aus? Was «vergesse» ich? Was delegiere ich an andere? Warum reagiere ich so?
- Welche lang anhaltenden persönlichen Auswirkungen verwöhnender Erziehung sehe ich an mir am deutlichsten?
- Was traue ich mir nicht zu? Warum? Wie gehe ich heute damit um?

- Gibt es verwöhnende Handlungen meiner Eltern, die heute mein Partner/meine Partnerin, Bekannte usw. bei mir fortführen? Welche? Warum lasse ich das zu? Was gewinne ich dabei? Welchen Preis zahle ich dafür?
- Welchen Einfluss haben verwöhnende Haltungen meiner Eltern mir gegenüber auf mein eigenes ErzieherInnen-Verhalten als Elternteil, LehrerIn usw.?

Für Menschen, die bei der Erarbeitung dieser Fragen spüren, dass Verwöhnung in ihrem Leben eine größere Bedeutung einnimmt, sind einige Gespräche mit einer dafür speziell geschulten Fachperson (Psychologe/PsychologIn) nützlich. Manchmal genügen schon wenige Gespräche, um eingefahrene Denk- und Handlungsmuster neu zu betrachten und bewusst neue Wege zu beschreiten. In anderen Fällen ist eine längere und vertiefte Bearbeitung nötig – vor allem wenn es darum geht, auch emotionale Reaktionen zu verändern.

Literaturverzeichnis

Adler, Alfred (1973): Der Sinn des Lebens. Frankfurt: Fischer (Erstausgabe 1933).
Adler, Alfred (1947): Menschenkenntnis. Zürich: Rascher.
Adler, Alfred (1979): Wozu leben wir? Frankfurt: Fischer (Erstausgabe 1931).
Adorno, Theodor W. (1973): Studien zum autoritären Charakter. Frankfurt: Suhrkamp.
Ashner, Laurie; Meyerson, Mitch (1993): Wenn Eltern zu sehr lieben. Reinbek: Rowohlt.
Becker, Peter (1982): Psychologie der seelischen Gesundheit. Band 1. Göttingen: Hogrefe.
Bowlby, John (1995): Elternbindung und Persönlichkeitsentwicklung. Heidelberg: Dexter.
Brandl, Gerhard (1997): Erziehen ohne Verwöhnen. Eschborn: Klotz (Erstausgabe 1977).
Braun, Hans-Jürg (1996): Das Jenseits. Die Vorstellungen der Menschheit über das Leben nach dem Tod. Zürich: Artemis und Winkler.
Coldner, Colin (1997): Psycho. Sekten zwischen Seriosität und Scharlatanerie. Augsburg: Pattloch.
Comer, Ronald J. (1995): Klinische Psychologie. Heidelberg: Spektrum.
Csikszentmihalyi, Mihaly (1992): Flow – Das Geheimnis des Glücks. Stuttgart: Klett-Cotta.
de Jong, Theresia Maria; Köster, Michaela (2000): Ist mein Kind denn zu verwöhnt? Stuttgart: Trias Thieme.
DeMause, Lloyd (1980): Hört ihr die Kinder weinen? Eine psychogenetische Geschichte der Kindheit. Frankfurt: Suhrkamp.
Der Spiegel: Die verwöhnten Kleinen. Hamburg. Nr. 33/14. 8. 2000, S. 102–108.
Die Bibel. Einheitsübersetzung. Altes und neues Testament. Freiburg: Herder 1995.
Dinkmeyer, Don; Dreikurs, Rudolf (1990): Ermutigung als Lernhilfe. Stuttgart: Klett-Cotta.
Ditfurth, Jutta (1997): Entspannt in die Barbarei: Esoterik, (Öko-)Faschismus und Biozentrismus. Hamburg: Konkret.
Dreikurs, Rudolf; Soltz, Vicki (1989): Kinder fordern uns heraus. Stuttgart: Klett-Cotta (Erstausgabe 1964).

Ehrensaft, Diane (2000): Wenn Kinder zu sehr...Warum Kinder alles bekommen, aber nicht das, was sie wirklich brauchen. Stuttgart: Klett-Cotta.

Eicke, Ulrich (2000): Kaufen! Haben! Gleich! In: *Psychologie heute.* September, Weinheim: Beltz.

Fend, Helmut (1990) in: Fend, Helmut: Der Umgang mit der Schule in der Adoleszenz. Bern: Huber 1997; Fend, Helmut: Entwicklungspsychologie des Jugendalters. Opladen: Leske & Budrich 2001.

Flammer, August (1990): Erfahrung der eigenen Wirksamkeit. Bern: Huber.

Flitner, Andreas (1986): Konrad, sprach die Frau Mama... Über Erziehung und Nicht-Erziehung. München: Piper.

Frank, Leonhard (1978): Die Ursache. Wetzlar: Büchse der Pandora.

Freud, Sigmund (1974): Die Zukunft einer Illusion. In: *Studienausgabe,* Band 9. Zürich: Ex Libris (Erstausgabe 1927).

Frick, Jürg (1999): Das Ende einer Illusion. Denkanstösse zu Ethik und Pädagogik der Bibel. Neustadt: Lenz.

Frick, Jürg: Identitäts- und Sinnsucher in einer komplexen Welt. Bemerkungen zum Aufwachsen heute aus psychologischer Sicht. In: *Pädagogische Welt.* Nr. 5/1996, Donauwörth: Auer.

Frick, Jürg (1990): Menschenbild und Erziehungsziel. Pädagogische Theorie und Praxis bei Bertrand Russell. Bern Stuttgart: Haupt.

Frick, Jürg: Verwöhnte Kinder kommen zu kurz. In: *Kindergarten heute.* Nr. 7/8 1996, Freiburg.

Frick, Jürg: Verwöhnung. Hintergründe, Folgen und Umgang. In: *Pädagogische Welt.* Nr. 6/1995, Donauwörth: Auer.

Fromm, Erich (1979): Haben oder Sein. Die seelischen Grundlagen einer neuen Gesellschaft. München: dtv.

Gasche, Urs P. u. a. (1997): Das Geschwätz von der freien Marktwirtschaft. Wien: Überreuter.

Goleman, Daniel (1996): Emotionale Intelligenz. München: Hanser.

Goleman, Daniel (1999): Intelligenz mit viel Gefühl. In: *Psychologie heute.* April, Weinheim: Beltz.

Gontscharow, Iwan (1981): Oblomow. Frankfurt: Insel.

Grandt, Guido und Michael (1998): Erlöser. Phantasten, Verführer und Vollstrecker. Aschaffenburg: Alibri.

Grawe, Klaus (1998): Psychologische Therapie. Göttingen: Hogrefe.

Greber, Christa (1999): Respekt ist nicht relativ. Psychische Misshandlung in der Praxis. In: *Psychoscope* Nr. 5, Bern.

Günther, Karl-Heinz (Hrsg.) (1987): Geschichte der Erziehung. Berlin: Volk und Wissen.

Günther, Karl-Heinz (Hrsg.) (1978): Quellen zur Geschichte der Erziehung. Berlin: Volk und Wissen.

Harder, Bernd (1996): Die übersinnlichen Phänomene im Test. Augsburg: Pattloch.

Hart, Stuart N. (1999): Der Kern des Kindsmissbrauchs. Wenn Worte schlimmer verletzen als Schläge. *Psychoscope* Nr. 5, Bern.

Härtling, Peter (1982): Nachgetragene Liebe. Hamburg: Luchterhand.

Hausser, Karl (1995): Identitätspsychologie. Berlin: Springer.

Heyne, Claudia (1993): Täterinnen. Offene und verdeckte Aggression von Frauen. Zürich: Kreuz.

Hobmair, Hermann u. a. (1996): Pädagogik. Köln: Stam.

Hobmair, Hermann u. a. (1994): Psychologie. Köln: Stam.

Hugo-Becker, Annegret; Becker, Henning (2000): Psychologisches Konfliktmanagement. Menschenkenntnis, Konfliktfähigkeit, Kooperation. München: dtv (Erstausgabe 1992).

Innerhofer, Franz (1982): Schöne Tage. Frankfurt: Suhrkamp.

Jegge, Jürg (1976): Dummheit ist lernbar. Erfahrungen mit Schulversagern. Bern: Zytglogge.

Kern, Gerhard; Traynor, Lee (1995: Die esoterische Versuchung. Angriffe auf Vernunft und Freiheit. Aschaffenburg IBDK.

Kohnstamm, Rita (1990): Praktische Kinderpsychologie. Bern: Huber.

Krohne, Heinz W.; Hock, Michael (1994): Elterliche Erziehung und Angstentwicklung des Kindes. Bern: Huber.

K-Tip. Nr. 14/6. 9. 2000. Zürich.

Lang, Bernhard; McDannell, Colleen (1996): Der Himmel. Eine Kulturgeschichte des ewigen Lebens. Frankfurt: Insel.

Largo, Remo (1999): Kinderjahre. München: Piper.

Lips, Ulrich (1994): Unterlagen der Kinderschutzgruppe. Zürich.

Mantell, David Mark (1978): Familie und Aggression. Zur Einübung von Gewalt und Gewaltlosigkeit. Frankfurt: Fischer.

Mietzel, Gerd (1997): Wege in die Entwicklungspsychologie. Band 1: Kindheit und Jugend. Weinheim: Beltz.

Mietzel, Gerd (1999): Wege in die Entwicklungspsychologie. Band 2: Erwachsenenalter und Lebensende. Weinheim: Beltz.

Miller, Alice (1980): Am Anfang war Erziehung. Frankfurt: Suhrkamp.

Missildine, W. Hugh. (1990): In dir lebt das Kind, das du warst. Stuttgart: Klett-Cotta (Erstausgabe 1963).

Mosimann, Martin (2000): Der letzte Ort, wo man eine Zeit lang nichts kann. Reflexionen zum Bild der Schule. In: *Neue Zürcher Zeitung*, 25. 5., Nr. 121, S. 85.

Mussen, Paul H. u. a. (1993): Lehrbuch der Kinderpsychologie. 2 Bände. Stuttgart: Klett-Cotta.

Nave-Herz, Rosmarie (1994): Familie heute. Darmstadt: Wissenschaftliche Buchgesellschaft.

Oehler, Barbara (1977): Der Einfluss der verwöhnenden und verzärtelnden Erziehung auf die gesunde und kranke Entwicklung der Persönlichkeit. Zürich = Dissertation.

Oerter, Rolf; Montada, Leo (1995): Praktische Kinderpsychologie. München Beltz PVU.
Palla, Rudi (1997): Die Kunst, Kinder zu kneten. Frankfurt: Eichborn.
Pernhaupt, Günther; Czermak, Hans (1980): Die gesunde Ohrfeige macht krank. Über alltägliche Gewalt im Umgang mit Kindern. Wien: Orac Pietsch.
Portmann, Rosmarie (Hrsg.) (1996): Mut tut gut. Geschichten, Lieder und Gedichte zum Muthaben und Mutmachen. Würzburg: Arena.
Postman, Neil (1999): Die zweite Aufklärung. Vom 18. ins 21. Jahrhundert. Berlin: Berlin.
Pu Yi (1973): Ich war Kaiser von China. Frankfurt: Hanser.
Rattner, Josef (1968): Verwöhnung und Neurose. Seelisches Kranksein als Erziehungsfolge. Zürich: Classen.
Rogge, Jan-Uwe (1997): Kinder brauchen Grenzen. Reinbek: Rowohlt (Erstausgabe 1993).
Roth, Bernhard (1998): Die Entbindung oder von einem, der zu spät zur Welt kam. Wuppertal: R. Brockhaus.
Rüedi, Jürg (1988): Die Bedeutung Alfred Adlers für die Pädagogik. Eine historische Aufarbeitung der Individualpsychologie aus pädagogischer Perspektive. Bern: Haupt.
Rüedi, Jürg (1995): Einführung in die individualpsychologische Pädagogik. Bern: Haupt.
Russell, Jeffrey Burton (1999): Geschichte des Himmels. Wien: Böhlau.
Rutschky, Katharina (1983): Deutsche Kinderchronik. Köln: Kiepenheuer und Witsch.
Rutschky, Katharina (1977): Schwarze Pädagogik. Frankfurt: Ullstein.
Schenk-Danzinger, Lotte (1988): Entwicklungspsychologie. Wien: Österreichischer Bundesverlag.
Schmidt-Denter, Ulrich (1988): Soziale Entwicklung. München: PVU.
Schoenaker, Theo (1996): Mut tut gut. Das Encouraging-Schoenaker-Training. Stuttgart: Medias.
Seligman, Martin E. P. (1999): Erlernte Hilflosigkeit. Weinheim: Beltz (Erstausgabe 1975).
Shermer, Michael u. a. (1998): Skeptisches Jahrbuch 1998 – Endzeittaumel. Propheten, Prognosen, Propaganda. Aschaffenburg: Alibri.
Shermer, Michael; Traynor, Lee (2000): Heilungsversprechen. Zwischen Versuch und Irrtum. Aschaffenburg: Alibri.
Singerhoff, Lorelies: Kinder heute: Verwöhnt und vernachlässigt. Rowohlt: Reinbek 2000
Spangler, Gottfried; Zimmermann, Peter (Hrsg.) (1999): Die Bindungstheorie. Grundlagen, Forschung und Anwendung. Stuttgart: Klett-Cotta.
Vilar, Esther (1992): Die Erziehung der Engel. Wie lebenswert wäre das ewige Leben? Düsseldorf: Econ. (Taschenbuchausgabe unter dem Titel: Wie lebenswert wäre das ewige Leben? Düsseldorf: Bastei Lübbe 1995.)

von Cube, Felix (1999): Fordern statt verwöhnen. Die Erkenntnisse der Verhaltensbiologie in Erziehung und Führung. München: Piper (Erstausgabe 1986).

von Randow, Gero (Hrsg.) (1996): Der Fremdling im Glas und weitere Anlässe zur Skepsis. Reinbek: Rowohlt.

von Randow, Gero (Hrsg.) (1993): Mein paranormales Fahrrad und andere Anlässe zur Skepsis. Reinbek: Rowohlt.

Weber, Erich (1986): Erziehungsstile. Donauwörth: Auer.

WHO (1999): Internationale Klassifikation psychischer Störungen. hrsg. v. H. Dilling u. a. Bern: Huber.

Wunsch, Albert (2000): Die Verwöhnungsfalle. Für eine Erziehung zu mehr Eigenverantwortlichkeit. München: Kösel.

Bilderbücher

Nachfolgend habe ich einige aus meiner Sicht empfehlenswerte und hilfreiche Bilderbücher aufgeführt, die sich für Spielgruppen- und Vorschulkinder gut eignen. Das Schwergewicht liegt weniger auf den Defiziten, sondern auf den Potenzialen und den schon vorhandenen Fähigkeiten der ProtagonistInnen in den Geschichten. Der Grundtenor ist ermutigend, anregend, freundlich, humorvoll. Ziel ist es vor allem, den Kindern aufzuzeigen, was sie schon alles gelernt haben und wie sie Hürden bewältigen können.

Zur Verwöhnung gibt es bis heute kaum Bilderbücher; die Bücher von Brülhart und Grégoire sind die einzigen, welche die Verwöhnung – speziell in der fordernden, von maßlosen Wünschen geprägten Variante – ausdrücklich thematisieren.

Brülhart, S. (1995): Prinz Fridolin darf alles. Zürich: Atlantis Pro Juventute. [empfehlenswertes Kinderbuch zur Verwöhnung mit anregendem Ende]

Butterworth, N. (1994): Wenn wir helfen. Haan: Oncken. [Aufgaben des Lebens schon für Kleine …]

Erickson, K.; Roffey, M. (1987): Manchmal wenn ich was nicht kann. München: Carlsen. [zeigt, was alles lernbar ist]

Grégoire, C. (2001): und dann will ich noch… Aarau: Sauerländer [zeigt am Beispiel eines kleinen verwöhnten Vogels die sich steigernde Forderungsspirale; leider völlig abrupter und unangemessener Schluss]

Holland, C.; Schreiber-Wicke, E. (1998): Kai kann's. Stuttgart: Thienemanns. [vom ungeschickten Kind, das mit Hilfe einer Katze Selbstbewusstsein und Fähigkeiten entwickelt]

Kluge, I.; Pfeifer, G. (1998): Weil ich das schon selber kann. Kinder brauchen Selbstbewusstsein. Freiburg Christopherus. [gute Übungen und Geschichten zum Thema]

Kreul, H. (1998): Das kann ich! Bindlach: Loewe. [was sich alles bewältigen lässt]

Ross, T. (2000): Ich will mein Essen! Zürich: Baumhaus [die kleine Prinzessin lernt statt nur «ich will» mit der Zeit…]

Wittkamp, J.; Künzler-Behncke, R. (1994): Ich bin schon groß. Ravensburg: Ravensburger. [zeigt, was ein Kind alles kann bzw. können sollte]

Personenregister

Sachwortregister